大 雅 叢 刊

仿冒行為之案例研究

——公平法與智產法系列五

徐火明　主編

張瑜鳳　著

三民書局　印行

國立中央圖書館出版品預行編目資料

仿冒行爲之案例研究：公平法與智產
法系列五／張瑜鳳著. --初版. --臺
北市：三民，民84
　　面；　　公分. --(大雅叢刊)
參考書目：面
ISBN 957-14 2240-1 (精裝)
ISBN 957-14 2241-X (平裝)

1公平交易法

587.19　　　　　　　84003348

ⓒ 仿冒行爲之案例研究
—公平法與智產法系列五

著作人　張瑜鳳
發行人　劉振強
著作財產權人　三民書局股份有限公司
發行所　三民書局股份有限公司
　　地址／臺北市復興北路三八六號
　　郵撥／〇〇〇九九九八一五號
印刷所　三民書局股份有限公司
門市部　復北店／臺北市復興北路三八六號
　　　　重南店／臺北市重慶南路一段六十一號
初版　中華民國八十四年七月
編號　S 58437
基本定價　伍元陸角
行政院新聞局登記證局版臺業字第〇〇〇二號

ISBN 957-14-2241-X (平裝)

總　序

　　專利法之目的，在提升產業技術，促進經濟之繁榮。商標法之目的，在保障商標專用權及消費者之利益，以促進工商企業之正常發展。著作權法之目的，在保障著作人之權益，調和社會公共利益，以促進國家文化之發展。公平交易法之目的，在維護交易秩序與消費者利益，確保競爭之公平與自由，以促進經濟之安定與繁榮。專利權、商標權及著作權，可稱之為智慧財產權，此種權利在先天上即具有獨占性質，而公平交易法則在排除獨占，究竟彼此之間，係互相排斥，抑或相輔相成，其間關係密切，殊值在學理上詳細探究，乃開闢叢書，作為探討之園地，並蒙三民書局股份有限公司董事長劉振強先生鼎力協助及精心規劃，特定名為「公平法與智產法系列」。

　　余曩昔負笈歐陸，幸得機緣，從學於當代智慧財產權法及競爭法名師德國麻克斯蒲朗克外國暨國際專利法競爭法與著作權法研究院院長拜爾教授 (Prof. Dr. Friedrich-Karl Beier)，對於彼邦學術研究之興盛與叢書之出版，頗為嚮往。數年後，本叢書終能在自己之領土上生根發芽，首先應感謝何孝元教授、曾陳明汝教授、甯育豐教授、王志剛教授、王仁宏教授、楊崇森教授、廖義男教授、黃茂榮教授、梁宇賢教授、林誠二教授、周添城教授、賴源河教授、林欽賢教授、蘇永欽教授、李文儀教授、蔡英文教授、劉紹樑教授、莊春發教授、何之邁教授、蔡明誠教授及謝銘洋教授等前輩先進之指導鼓勵。本叢書首創初期，作者邱志平法官、李鎂小姐、徐玉玲法官、朱鈺洋律師及李桂英律師等法界後起之秀，勤奮著述，共襄盛舉，謹誌謝忱。

　　本叢書採取開放態度，舉凡公平法與智產法相關論著，而具備相當水準者，均所歡迎，可直接與三民書局編輯部聯絡。本叢書之出版，旨在拋磚引玉，盼能繼續發芽茁壯，以引發研究公平法與智產法之興趣，建立經濟法治之基礎。

徐　火　明

八十二年十月一日

自　序

　　新法令的公布與實施，代表一種理想的付諸實行，然而理想的實踐須經過實務的考驗，而行政主管機關之運作情況及司法機關的裁判正是作為檢驗的最好方法。公平交易法施行已三年，累積起來的案例及執法經驗，正可以用來檢驗這個理想的實踐過程及階段性成果。

　　本書針對國內公認為商業罪行的「仿冒行為」，搜集公平交易委員會之行政處分及司法機關之裁判，將之歸納整理，並且分析仿冒行為適用之法律：商標法、專利法、刑法以及公平交易法彼此之關係，並探究出公平交易委員會及司法機關之執法趨勢及判斷標準。尤其是公平交易法第二十條規定：「事業不得以相關大眾所共知之他人姓名、商號或公司名稱、商標、商品容器、包裝、外觀或其他顯示他人商品之表徵，為相同或類似之使用，致與他人商品混淆，或販賣、運送、輸出或輸入使用該項表徵之商品。」究竟其禁止之仿冒行為類型是什麼？公平交易委員會所作成之案例有那些？「商品之表徵」的意義為何？什麼程度才是所謂「相關大眾所共知」？「致與他人商品混淆」之意義為何？「同一或同類商品」之範圍是什麼？這些構成要件的內容，除了學說的解釋之外，更重要的是，我國執法的實務案例中，所建立之判斷依據及認定標準何在？這些標準是否妥適？與工商業之交易實際情況是否差距過大？法院的判決與公平交易委員會之處分有無差異？是否有值得再加以斟酌改進之處？

　　作者本人任職於公平交易委員會，並且於就讀臺大法律研究所碩士班時，有幸經公平交易委員會副主委廖義男教授之指導，撰寫有關公平

交易法與仿冒行為制裁規定之論文。之後經徐火明教授之鼓勵，便將碩士論文改寫成本書。指導教授廖義男博士曾經一再強調，法律制度最重要的是，適不適合臺灣現階段的社會環境？施行之後，有沒有發揮它應有的功能和效果？本書希望藉著以另一個角度，搜集各種案例、歸納分析，探討公平交易法的執法效果及影響，並嘗試解決各種執法上遭遇之問題。本書內容特重實務，有別於一般純介紹論理學說之書籍，不僅可以作為司法實務者適用法律之參考，更可以作為法學研究之教材，工商企業界亦可藉以瞭解有關商標商號以及商品表徵之保護法令之執行，保護自己權益，並避免誤觸法律。

感謝廖義男教授對於作者在經濟法領域的啓蒙與指導，以及徐火明教授的熱心關切，這都是本書得以完成之重要因素。而父母及三位兄嫂的照顧，還有摯友黃福雄律師的關懷與體貼，都是支持我在法律這條路上踽踽而行的動力。法律是一門社會學，本書希望以案例的整理及研究，探詢法律的生命歷程，期望法律能夠隨著社會脈動而治，並且避免疊床架屋的立法缺陷。如果能獲得法律界、工商界讀者們的回應與指正，將是給作者最大的鼓勵。

仿冒行為之案例研究

目　次

第一章　公平交易法與仿冒

　　本書所稱之仿冒行為，包括「仿造偽造行為」及「仿冒商品之流通行為」。前者如商品商標、外觀、包裝或容器之仿冒行為，後者如仿冒商品之販賣、運送、輸出、輸入之行為。公平交易法(以下簡稱公平法)自八十一年二月正式施行以來，有關仿冒的案件，包括商標、商品包裝、容器、公司行號之名稱、知名藝人姓名等仿冒或抄襲之案件類型，都是法律實務上的新案例，本書乃以施行剛滿三年之公平法有關第二十條「仿冒行為」之案件，作為實證之研究對象。

　　本書將仿冒之案例分門別類，以公平交易委員會(以下簡稱公平會)之行政處分及司法機關的裁判見解做一個整體的比較分析，並且對於實務運作的情形加以評論。最後附錄並有公平會「處理公平法第二十條之原則」，可以作為處理仿冒案件的準則參考。由於司法實務工作者或工商企業界，對於公平法的熟悉程度不高，然而坊間對於公平法之論述書籍又多是學術性的理論介紹，缺乏具體的案例作為印證。本書之特色，即是將公平法之實務運作的案例做整體分類，藉由實務案例之研究分析，歸納出公平法在我國施行之過程及結果。

　　由於公平法施行僅有三年，本書擬先介紹公平會對於公平法第二十條認定之原則與處分之案例。又因為八十二年十二月二十二日商標法亦經大幅度修正通過，因此，本書同時分析新商標法有關仿冒之制裁規定，並釐清其與公平法第二十條之構成要件及適用關係。而公平法之中央主管機關公平會，與司法機關對於仿冒行為適用法規之趨勢和認定標準，以及公平法修正草案之「先行政後司法」修法方向，公平會之處分

程序與法院之訴訟程序競合問題，亦為本書所一併介紹之專題。

　　本書之章節安排，以介紹公平法第二十條仿冒行為為開始，在第二章首先就公平法第二十條關於仿冒行為之構成要件加以分析，並以公平會所處理過之案件，歸納整理其適用原則或認定之方法，並參酌外國立法例，加以評論。第三章則就公平會及司法機關適用公平法第二十條之趨勢加以分析，並分析其中之原因。再者，其他有關仿冒行為之制裁規定，如商標法第六十二條、第六十三條，刑法第二百五十三條、第二百五十四條等，其規範之目的與適用範圍與公平法是否一致？有無異同之所在？各法條間產生競合時應如何適用？本書乃在第四章分析個別法規之構成要件，同時並探究實務運作之案例及學說見解。在第五章，則先就公平法現行之刑事制裁制度作一簡介，並且分析現行法中關於「附從行政監督之犯罪」之實體要件，以及適用上產生行政程序與刑事程序進行之問題。再者，八十三年四月二十一日經行政院院會通過之公平法修法草案內容中，關於仿冒行為之刑事制裁，依「先行政後司法」原則所作之修正，亦一併討論之。

　　仿冒商標之刑事制裁法規，歷經商標法多次修改和公平法訂立後，已然呈現一個較明顯之規範模式。本書乃就各種仿冒行為在適用制裁法規時可能發生之問題，依照實務見解及學說，嘗試作一合乎法理的分析，以及提出適用的原則，並且作為檢驗現行法之方式。本書試圖藉由這些法規的釐清，以及實務適用結果的評析，探究法律之正確的立法目的及規範結構，以作為司法實務者適用法律之參考。

第二章 公平交易法關於仿冒行為之立法意旨與構成要件

第一節 公平交易法第二十條之立法意旨

　　民國八十年二月四日制定通過、八十一年二月四日正式實施的公平法。其立法意旨在於維護交易秩序與消費者利益,確保市場之公平競爭,促進經濟之安定與繁榮。公平法第三章乃規範不公平競爭行為(注一)。不公平競爭 (unfair competition; unlauterer Wettbewerb) 之定義, 實難以一言蔽之。德國不正競爭防止法 (Gesetz gegen den unlauteren Wettbewerb) 第一條對於不正競爭行為之概括規定為:「對於為競爭目的而於營業交易中從事有背於善良風俗之行為者, 得請求其停止作為及損害賠償。」(注二)美國聯邦貿易委員會法第五條第一項

注　一　第三章所規範的不公平競爭行為有部分亦屬於「限制競爭行為」,例如第十九條第四款「以脅迫、利誘或其他不正當方法, 使他事業不為價格之競爭、參與結合或聯合之行為」及第二十四條補充概括規定。其餘仿冒、不實廣告、誹謗商譽等則是典型之不公平競爭行為。

注　二　德國法院就不正競爭防止法第一條已累積有豐富的判例, 發展至今,已被公認為德國法體系中法官造法最成功的領域。依判例內容, 約可分為五個規範方向: (一)不正當招攬顧客 (Kundenfang); (二)不公平阻礙同業競爭 (Behinderung); (三)不當搾取他人努力之成果 (Ausbeutung); (四)利用違反法規或破壞約定以圖取競爭上之優勢 (Rechtsbruch); (五) 妨礙市場機能 (Marktstörung)。詳見廖義男譯, 西德不正競爭防止法, 臺大法學論叢, 第十卷第二期, 頁二七三, 七十年六月; 蘇永欽, 營業競爭法在歐洲各國的發展與整合, 法學叢刊, 第一一四期, 頁六四, 七十三年四月; Baumbach/ Hefermehl, *Wettbewerbsrecht*, 17, neubearbeitete Auflage, 1993, S. 370~735.

規定:「商業上或影響商業之不公平競爭方法,以及商業上或影響商業之不公平或欺罔之行爲或手段,均屬違法。」(注三)巴黎保護智慧財產權同盟公約第十條之二第二項規定:「違反工商業務上誠實習慣之任何競爭行爲,均構成不公平競爭行爲」,第三項則列擧典型的不正競爭行爲,所列擧之形態包括三種,第一類爲對競爭者之商號、商品或營業活動,不論任何方法,足以產生混淆之行爲;第二類爲對競爭者之商號、商品或營業活動,足以損害其信譽之虛僞陳述;第三類爲對商品之性質、製造方法、特徵、使用性或份量所爲之陳述或說明,足以使大眾產生誤信之虞者(注四)。其中第一類行爲,即與商品或服務表徵之仿冒有關。我國

注 三　美國之營業競爭法以1890年之「休曼法」(Sherman Act)爲鼻祖,1914 年之克萊登法 (Clayton Act) 及聯邦交易委員會法 (Fair Trade Commission Law)均對於維護市場競爭秩序、促進市場機能建立重要之法制典範。關於美國反托拉斯法及不正競爭防止法之詳盡敍論,可參考 Ernest Gelhorn, *Antitrust Law and Economics,* 1990, pp.15～19; Lawrence Anthony Sullivan, *Antitrust Law,* 4th Reprint, 1990.

注 四　巴黎智慧財產權同盟公約是一八八四年六月,法國、義大利等十一個國家爲保護工業財產權,在巴黎正式簽署生效的國際公約。至一九八二年二月十五日爲止,已陸續有九十二個國家加入。該公約第十條之原文如下:

Ⅰ、Die Verbandslander sind gehalten, der Verbandsangehorigen einen wirk-samen Schutz gegen unlauteren Wettbewerb zu sichern.

Ⅱ、Unlauterer Wettbewerb ist jede Wettbewerbshandlung die den anstandigen Gepflogenheiten in Gewerbe oder Handel zuwiderlauft.

Ⅲ、Insbesonderesind zu untersagen:

(1). alle Handlungen, die geeignet sind, auf irgendeine Weise eine Verwechslung mit der Niederlassung, den Erzeugnissen oder der gewerblichen oder kaufmannischen Tatigkeit eines Wettbewerbers hervorzurufen;

(2). die falschen Behauptungen im geschaftlichen Verkehr, die geeignet sind, den Ruf der Niederlassung, der Erzeugnisse Wettbewerbers herabzusetzen;

(3). Angaben oder Behauptungen, deren Verwendung im geschaftlichen Verkehr geeignet ist, das Publikum uber

雖未加入巴黎公約，但是公平法相關規定立法業已參酌該公約之精神，例如第二十條規定受禁止之仿冒行為：「事業就其營業所提供之商品或服務，不得有左列行為：1.以相關大眾所共知之他人姓名、商號或公司名稱、商標、商品容器、包裝、外觀或其他顯示他人商品之表徵，為相同或類似之使用，致與他人商品混淆；或販賣、運送、輸出或輸入使用該項表徵之商品者。2.以相關大眾所共知之他人姓名、商號或公司名稱、商標、標章或其他表示他人營業、服務之表徵，為相同或類似之使用，致與他人營業或服務之設施或活動混淆者。3.於同一或同類商品，使用相同或近似於未經註冊之外國著名商標，或販賣、運送、輸出、輸入使用該項商標之商品者。前項規定，於左列各款行為不適用之：1.以普通使用方法，使用商品本身習慣上所通用之名稱，或交易上同類商品慣用之表徵，或販賣、運送、輸出或輸入使用該名稱或表徵之商品者。2.以普通使用方法，使用交易上同種營業或服務慣用名稱或其他表徵者。3.善意使用自己姓名之行為或販賣、運送、輸出或輸入使用該姓名之商品者。4.對於前項第一款或第二款所列之表徵，在未為相關大眾所共前知，善意為相同或類似使用，或其表徵之使用係自該善意使用人連同其營業一併繼受而使用、或販賣、運送、輸出或輸入使用該表徵之商品者。事業因他事業為前項第三款第四款之行為，致其營業、商品、設施或活動有受損害之虞者，得請求他事業附加適當表徵。但對僅為運送商品者，不適用之。」另外在第二十一條有關不實廣告規定：「事業不得在商品或其廣告上，或以其他使公眾得知之方法，對於商品之價格、數－

---

die Beschaffenheit, die Brauchbarkeit oder die Menge der Waren irrezufuhren.

有關該公約之詳盡說明，參照 Bodenhausen, *Pariser Verband-subereinkunft zum Schutz des gewerblichen Eigentums*, 1971, S. 123 以下；曾陳明汝，工業財產權之國際保護，載於氏著，專利商標法選論，頁二四六以下，七十九年九月，四版。

量、品質、內容、製造方法、製造日期、有效期限、使用方法、用途、原產地、製造者、製造地、加工者、加工地等，為虛偽不實或引人錯誤之表示或表徵。事業對於載有前項虛偽不實或引人錯誤表示之商品，不得販賣、運送、輸出或輸入。前二項規定，於事業之服務準用之。廣告代理業在明知或可得而知情況下，仍製作或設計有引人錯誤之廣告，應與廣告主負連帶責任。廣告媒體業在明知或可得而知其所傳播或刊載之廣告有引人錯誤之虞，仍予傳播或刊載，亦應與廣告主負連帶損害賠償責任。」以及第二十二條關於妨害商業信譽之規定：「事業不得為競爭之目的，而陳述或散布足以損害他人營業信譽之不實情事。」這些規定都是我國公平法所明文禁止的不公平競爭行為。

　　大體言之，不正競爭是指違反商業倫理、超越正常競爭手段之行為。營業競爭本為自由經濟社會中容許且值得讚譽之行為。因為憲法保障職業自由、私有財產及契約自由，每人皆可依其自我意願從事投資、爭取交易、吸引消費者、爭取客戶，此即為「競爭」。公平法第四條明白定義所謂之「競爭」，即「二以上事業在市場上以較有利之價格、數量、品質、服務或其他條件，爭取交易機會之行為。」因此業者須努力為生產效能之提高，因為競爭激烈，優勝劣敗的現實情況，對業者產生激勵與淘汰之壓力。為減少失敗之風險、避免淘汰之壓力，所以會有某些妨礙與扭曲市場競爭機能之交易方式出現，爭取交易避免淘汰及失敗。例如，以取巧欺罔之心理為模仿、抄襲、仿冒、竊密等行為。模仿本是人類之天性，亦為促進進步之動力。但抄襲行為乃利用他人努力之成果，高度模仿的結果，對於辛苦建立品牌商譽之人喪失交易機會，造成損害。對於受矇騙的消費者亦與非其所願的業者進行交易，若不遏止抄襲行為，更無法鼓勵創新發明之人，不能給創新發明之人保護。

　　公平法第三章規範不公平競爭之章節中，第二十條規範之對象係以仿冒商品或服務表徵為競爭手段之不公平競爭行為。於執行上，除了須

視行為人是否具有從事不正競爭之主觀意圖外，更應在客觀上認定是否行為已達到致與他人商品或服務混淆之程度。此與商標法、專利法和著作權法等智慧財產權所保障之重點有些許不同，如商標法係「保障商標專用權及消費者利益，促進工商企業之正常發展」（商標法第一條），專利法係「凡新發明具有產業上利用價值者，得依本法申請專利」（專利法第一條），著作權法乃「為保障著作人著作權益，調和社會公共利益，促進國家文化發展」（著作權法第一條）。蓋該等法律乃側重專用權人之智慧財產於相當期間內不受侵害，而公平法則著重競爭手段之公平性、正當性以及對市場競爭秩序之影響。此由其公平法第一條條文：「為維護交易秩序與消費者利益，確保公平競爭，促進經濟之安定與繁榮」即可看出。

　　公平法第二十條所規範者為「仿冒行為」，其亦屬於不正當競爭行為之一種。其中關於商標之保護，更因商標為表彰商品來源最主要之表徵，得以區別各個不同的商品或服務主體，消費者得以商標為媒介而選擇交易，各廠商在消費者的選擇過程中，進行市場競爭。商標乃成為廠商之競爭財產，商標法在競爭秩序中占有極重要的地位（**注五**）。然商標法與公平法對於商標之保護方式不盡相同，商標法對於商標之保護，乃藉著商標註冊的申請，由公權力機關賦與獨占排他的商標專用權。公平法主要經由制止仿冒各種商品表徵而引起商品主體混淆的不正當行為，藉此維持公平的競爭秩序。公平法所保護的表徵，須在市場上具有表彰特定商品主體的實際作用，且為相關交易對象所共知。商標法所保護的商

注　五　德、日、英、美各國法，亦普遍承認商標法乃競爭法的一環。關於各國立法例，本書將陸續介紹之。有關商標法與不正競爭法之關係，詳參看曾陳明汝，商標不正競爭之研究，載於氏著，專利商標法選論，頁一六一，七十九年九月，四版；鄧振球，商標不正競爭之研究，輔大法研所碩士論文，頁二四～二五，七十七年六月；范建得，論公平交易法對矇混行為及商標權濫用之管制——商品標識使用人之得與失，公平交易季刊，創刊號，頁七五以下，八十一年十月。

標則無需具有此種相當的市場經濟力量，而且取得保護之註冊前不需經使用，只要透過法定程序即賦予保護。

　　由商標法與公平法對商品表徵保護方式的差別可知，商標權本質上乃商標法所賦予的獨占排他權，藉此保護商標權人的私益，從而反射出維持公平競爭秩序的功能。而公平法則是著重在制止引起商品主體來源混淆的不正競爭行為，反射出受保護商品表徵的獨占性。公平法之原來立法目的並非在賦予受保護商品表徵一種獨占的「排他權」，造成此種商品表徵受獨占保護的現象，乃是公平法為確保「公平競爭秩序」之目的而產生之事實結果，而非意在使受保護之人享有「獨占利益」。

　　檢視公平法第二十條，可由其條文說明中觀察出其立法意旨(注六)：「1.針對目前嚴重之商業仿冒行為，就現行法所未能規範者而有礙公平競爭之行為，參考日、韓『不公平競爭防止法』之規定訂定本條，對左列行為予以禁止：（1）事業不得為使人商品主體產生混淆之行為，亦即不得為仿冒他人商品表徵之行為。（2）事業不得為使人對他人之營業、服務主體混淆之行為，亦即不得為仿冒他人營業或服務表徵之行為。（3）事業不得仿冒未經註冊之外國著名商標，亦不得販賣、運送、輸出或輸入仿冒之商品……4.姓名、商號或公司名稱屬『標示』之一種，商品容器、包裝、外觀非屬『標示』或『商標』，遂另以『表徵』二字為包括標示、商標或其他表示商品特徵之泛稱。與日本不正競爭防止法第一條第一款之『表示』二字，意義相同。」由此可知，公平法第二十條規範之目的，乃針對現行法所未能規範者而有礙公平競爭之仿冒行為而言。申言之，除了商標與服務標章之外，公平法第二十條所保護之客體，還包括姓名、商號、公司名稱、商品容器、包裝、外觀、商品表徵及服務表徵，範圍廣泛。然並非所有的商品表徵皆可受公平法第二十條

注　六　詳見立法院秘書處編印，法律案專輯，第一百三十二輯，公平交易法案，頁二〇～二二，八十一年六月。

之保護，其仍須符合其他構成要件，即「相關大眾所共知」「致與他人商品或營業活動產生混淆」等。由於商標、服務標章及公司名稱等基本上已可依商標法、公司法、商業登記法等相關規範加以保護，在某些特殊的商品表徵如商品包裝、容器、外觀等，只有規範不正競爭性質的公平法第二十條才能賦與保護，由此可顯現出公平法第二十條特殊之規範範圍與目的。以下便探討公平法第二十條「引起商品、服務主體混淆誤認」的行為規範，以及公平會處理的實務案例之適用原則及衍生之問題。

第二節　公平交易法第二十條之仿冒行為之構成要件

第一項　仿冒行為之態樣

公平法第二十條之規範範圍，較商標法為廣。一方面其保護之表徵不以商標或標章為限，而兼及容器、包裝、外觀之表徵，另一方面，其保護之客體不以商品或服務為限，而及於營業之表徵。總之，舉凡與商品、營業或服務有關之表徵，只要與來源之顯示有關，能表彰商品或服務之來源主體者，即為本條保護之對象。此外，該法亦保護外國著名商標，對於使用相同或近似於未經註冊之外國著名商標，或販賣運送輸出、輸入使用該項商標之商品者，亦處罰之（第二十條第一項第三款）。因此，本書所使用之「仿冒行為」乃泛指一切偽造仿造、冒用他人商品或服務表徵之行為，不以仿冒商標之行為為限，合先敘明。

公平法第二十條之條文如下：

「事業就其營業所提供之商品或服務，不得有左列行為：

(一)以相關大眾所共知之他人姓名、商號或公司名稱、商標、商品

容器、包裝、外觀或其他顯示他人商品之表徵，爲相同或類似之使用，致與他人商品混淆； 或販賣、運送、輸出或輸入使用該項表徵之商品者。

(二)以相關大眾所共知之他人姓名、**商號**或公司名稱、**商標**、標章或其他表示他人營業、服務之表徵，爲相同或類似之使用，致與他人營業或服務之設施或活動混淆者。

(三)於同一或同類商品，使用相同或近似於未經註冊之外國著名商標，或販賣、運送、輸出、輸入使用該項商標之商品者。

前項規定，於左列各款行爲不適用之:

(一)以普通使用方法，使用商品本身習慣上所通用之名稱，或交易上同類商品慣用之表徵，或販賣、運送、輸出或輸入使用該名稱或表徵之商品者。

(二)以普通使用方法，使用交易上同種營業或服務慣用名稱或其他表徵者。

(三)善意使用自己姓名之行爲或販賣、運送、輸出或輸入使用該姓名之商品者。

(四)對於前項第一款或第二款所列之表徵，在未爲相關大眾所共前知，善意爲相同或類似使用，或其表徵之使用係自該善意使用人連同其營業一併繼受而使用 、 或販賣、運送 、 輸出或輸入使用該表徵之商品者。

事業因他事業爲前項第三款或第四款之行爲，致其營業、商品、設施或活動有受損害或混淆之虞者，得請求他事業附加適當表徵。但對僅爲運送商品者，不適用之。」

而在公平法第三十五條，則規定了違反第二十條之刑罰：「違反第二十條之規定者，處行爲人三年以下有期徒刑、拘役或科或併科新臺幣一百萬元以下罰金。」

綜合觀之，公平法第二十條所禁止之仿冒行為，約可分類為以下數種形態：

(一)商品表徵之仿冒：將相關大眾所共知之他人商品之表徵「使用」或為「類似之使用」，致與他人商品混淆者。(第二十條第一項第一款前段)

(二)營業或服務表徵之仿冒：將相關大眾所共知之他人營業或服務之表徵「使用」或為「類似之使用」，致與他人營業或服務之設施或活動混淆者。(第二十條第一項第二款前段)

(三)外國著名商標之仿冒：「使用」未經註冊之外國著名商標於同一或同類商品上者。(第二十條第一項第三款前段)

(四)仿冒商品之販賣或運送：「販賣、運送、輸出、輸入」使用仿冒他人表徵之商品者，包括仿冒外國著名商標之商品。(第二十條第一項第一款後段、第二款後段、第三款後段)

綜觀公平法第二十條所規範之仿冒行為，不僅包括仿冒商標之行為而已，尚包括商品容器、外觀包裝等與商品、營業或服務有關之表徵。然而必須與來源之顯示有關，能表彰商品或服務之來源主體，且達到「相關大眾所共知」之程度。至於仿冒商品之流通行為，如販賣、運送、輸出、輸入等行為，由於其構成要件較不易生疑義，且與商標法上之規定類似，本書將在第四章就商標法、刑法等關於流通行為部分一併討論之。以下便就公平法第二十條之各個行為類型，分別就其構成要件及案例研究分析之。

第二項　為相同或類似之使用、致與他人商品混淆

公平法第二十條第一項第一款及第二款之要件，除了「須為商品或服務營業之表徵」、「相關大眾所共知」外，很重要的構成要件為「為相同或類似之使用，致與他人商品（服務、營業）混淆者」。蓋本條之立

法目的在於經由制止仿冒各種商品表徵而引起商品主體混淆的不正當行為，藉此維持公平的競爭秩序。公平法所保護的表徵，須在市場上具有表彰特定商品主體的實際作用，且為相關交易對象所共知。商品或服務表徵能夠表彰特定商品來源主體，須能夠被相當的消費交易相對人所認識熟知，而仿冒他人商品或服務表徵之行為，須受制裁及禁止之原因，不僅因為剽竊他人開發之智慧財產權，亦因真正表徵權人所投資付出而建立的商譽，是其努力的代價，亦屬財產權，應受保障。而一般交易相對人更以其表徵而購買消費其所信賴的商品或服務，若導致消費者混淆誤認無法辨識真品與仿冒品，則對交易相對人亦為一種損失。而仿冒之商品或服務之品質若與真品不該當，久而久之該表徵所代表之商品服務品質之信譽即被稀釋，亦為該真正表徵權人之損失。因此，何種程度之使用表徵之行為會導致交易相對人造成對商品或服務主體之混淆，便成為極重要之判斷要件。

公平法第二十條第一項第一、二款之構成要件中，皆有「為相同或類似之使用，致與他人商品混淆」、「致與他人營業或服務之設施或活動混淆者」之規定，而第三款又有「於同一或同類商品，使用相同或近似於著名商標」之規定。究竟此三款之行為態樣是否相同？首先須詳細分析各款之構成要件。第一款所宣示之禁止行為類型為：「使用」或「類似之使用」他人顯示商品之表徵、致與他人商品混淆之行為。而顯示商品表徵之客體有許多，商標、商品容器、包裝、外觀屬之，甚至他人姓名、商號、公司名稱亦屬之。就使用商標或商品包裝等行為，而導致使人與真正商品混淆，很容易理解。但是單純就他人姓名、商號或公司名稱，為相同或類似之使用，若加上本款後段「致與他人商品混淆」，則很難理解何以僅「使用公司名稱」之行為就會致使「與他人商品混淆」。因此，本款之行為應解釋為「使用他人商號公司名稱，作為表徵商品之來源」之行為，致使交易相對人對於商品主體來源產生混淆誤認，例如

以為來自同一主體、其關係企業或法律上經濟上之授權事業等。因此本條之規範範圍，並非單純係「商品」「商標」本身之偽造或仿造行為，而是擴及於「使用商品之表徵，而導致交易人對於商品來源產生混淆之行為」。第二款則是就避免營業或服務之設施活動混淆而為之規定，所禁止之行為乃:「使用」或「類似之使用」他人顯示營業服務之表徵，致與他人營業或服務之設施或活動混淆之行為。顯示營業或服務之表徵之客體有「他人姓名、商號或公司名稱、標章」等。此處之情形與前述第一款規範之情形相同，單純使用他人商號公司名稱，難以想像即會導致使人對營業服務產生混淆。第二款所禁止之行為，應該是某一提供服務之事業，使用或為類似之使用他人之營業表徵，導致交易相對人對提供服務之來源產生混淆之行為。由此可知，第一、二款所謂「相同或類似之使用」之解釋，應與「致與他人商品（服務）混淆」之構成要件緊密結合，以「防止不正競爭」之概念加以解釋適用。

第三項　「相同或類似之使用」與「同一或同類（類似）商品」

公平法第二十條第三款之條文，並無「為相同或類似之使用，致與他人商品混淆」之構成要件規定，其行為形態以「於同一或同類商品，使用相同或近似之商標」以及「販賣、運送」等流通仿冒品之行為為限，且其客體限於「未經註冊之外國著名商標」，因此在解釋上，與同條第一、二款不盡相同。由於「相同或類似之使用」、「同一或同類商品」、「同一或類似商品」、「相同或近似之商標」等構成要件之用語，在公平法第二十條及新舊商標法中皆有出現，由於涉及到適用範圍之問題，其意義及內涵有予以澄清之必要。

「相同或類似之使用」，係指仿冒商標、商品、服務等表徵之行為形態而言，其必須因該相同或類似使用之行為而導致交易相對人對於商

品來源產生混淆，卽須達到「致與他人商品（服務）混淆」之構成要件該當之程度。公平法第二十條第一項第一款、第二款規定之「相同或類似之使用」，正如同刑法第二百五十三條「僞造或仿造」、商標法第六十二條及公平法第二十條第一項第三款「使用相同或近似於他人註册商標之圖樣者」所規定之仿冒行爲內涵相同。公平法第二十條之規範目的在於避免商品或服務主體來源之混淆，不僅規範同一商品之仿冒行爲，更不以商標之仿冒行爲爲限。因此，「相同或類似」之使用，係指商品或服務之表徵附加於商品或服務本身、導致交易相對人混淆之「行爲」，並不是指商品或服務之歸屬分類，或是形容商品、服務之性質內容。此點是在適用公平法第二十條時，應予注意之處。

　　至於「同一或同類商品」、「同一或類似商品」之用語，更須明辨。公平法第二十條之構成要件規定中，使用「同一或同類」之用語，係用以形容「商品」，且僅在公平法第二十條第一項第三款中出現。然而原先商標法中使用「同一或同類商品」之用語的條文，皆已在八十二年十二月修正商標法時，改爲「同一或類似商品」。如舊商標法第六十二條規定應受刑事制裁之仿冒行爲：「於『同一或同類商品』，使用相同或近似於他人註册商標之圖樣者」，新商標法已修正爲「於『同一或類似商品』，使用相同或近似於他人註册商標之圖樣者」，在其他條文亦是相同之修正方式（注七）。因此「同一或同類商品」之用語應已不再使用。然而公平法第二十條第一項第三款爲何還有此種用語？則須從立法緣由分

注　七　將「同一或同類商品」修正爲「同一或類似商品」之條文，如商標法第二十二條聯合商標之申請規定、第三十一條撤銷商標專用權之事由規定、第三十五條商品分類之規定、第三十六條二人以上同時申請商標之規定、第三十七條不得申請商標註册之事由規定（第七款、第十一款、第十二款、第十三款）、第四十二條自行變換或加附記商標之行爲規定、第六十五條惡意使用他人註册商標圖樣中之文字之行爲等皆屬之。至於其修正理由及因爲舊用語而產生實務、學說上之爭議問題，本書將在第四章第二節第三項討論之。

析之。

公平法第二十條第一項第三款之規定「於同一或同類商品，使用相同或近似於未經註冊之外國著名商標」，乃是沿襲自八十二年十二月修正前之舊商標法第六十二條之一的規定；蓋由公平法第二十條第三款之立法理由可知，舊商標法第六十二條之一雖定有仿冒未經註冊外國著名商標處罰之規定，惟我國現行商標法係採註冊保護制度（參見商標法第二條、第二十一條、第三十四條），仿冒未經註冊之外國著名商標之處罰，不宜於商標法中予以規範。而仿冒外國著名商標之行為，係屬不公平競爭之一種，故改於公平法中規定。公平法立法之初，即在立法理由中明白指出，公平法通過後，商標法第六十二條之一應予刪除（注八）。而公平法於八十年二月四日通過、八十一年二月四日正式施行後，商標法也於八十二年十二月二十二日修正，將第六十二條之一關於未經註冊之外國著名商標之保護規定刪除，修正理由即為公平法已有相關規定。然而卻未同時將公平法第二十條第一項第三款之規定配合修正，導致於僅於公平法中殘留「同一或同類商品」之規定，在適用上產生困擾，法律體系上亦有缺憾。此在公平法修正時，應特別改正之。而在未修正前，適用公平法第二十條第一項第三款時，應注意本條文規定謬誤之處。

原則上公平法第二十條所規範之仿冒行為，有許多類型，以下幾節便就各種行為形態分析及構成要件及實務案例。至於公平法第二十條關於仿冒商標之行為，因為刑法、商標法等相關規定有部分重疊，故本書將於第四章討論仿冒行為之刑事制裁時，一併討論之。公平法規範仿冒行為之立法目的本與商標法不盡相同，已如前第一節所述，且由其構成要件亦可看出兩者在適用上可能有所不同。諸如：公平法第二十條之「相關大眾所共知」、「相同或類似之使用」應如何認定？與商標法上類

注　八　見注六所引文獻，頁二二。

似之概念「著名」、「使用」是否相同？其阻郤違法之除外適用規定與
商標法是否相同？此皆爲公平法第二十條在適用上產生之問題。本條對
於仿冒行爲之禁制規定及除外適用情形，除第一項第三款關於未經註冊
之外國著名商標之保護規定外，與日本一九九〇年修正施行之不正競爭
防止法第一條第一、二款及第二條之規定類似（注九），因此執行時可參
考日本及各國關於不正競爭法規之實務運作及理論發展之情形，作爲我
國執法之參考（注一〇）。然而我國施行公平法三年多以來，公平法之中央

注　九　日本不正競爭防止法甫於一九九三年五月十九日修正公布，新法將於
　　　　公布後一年內施行。 現行法第一條 、 第二條之規定內容（新法第二
　　　　條、第三條）如下。第一條：「因左列各款之一行爲而其營業上利益
　　　　有被侵害之虞者，得請求行爲人停止其行爲：
　　　　(一)對本法施行地區內所共知之他人姓名、 商號、商標、商品之容
　　　　器、包裝以及其他表示商品之標記，作同一或類似之使用，或將該項
　　　　使用之商品予以販賣、散布或輸出而與他人商品混淆之行爲。
　　　　(二)本法施行地區內所共知之他人姓名、商號、標章或其他表示他人
　　　　營業及商譽之標記，作同一或類似之使用，而與他人營業設施或活動
　　　　混淆之行爲。」
　　　　第二條：「 前二條及第五條 （ 罰則 ） 之規定於左列各款行爲不適用
　　　　之：
　　　　(一)使用商品之普通名稱（葡萄製品之原產地地方名稱已變成普通名
　　　　稱者除外），或交易上通常同類商品慣用之標記之行爲，或將使用該
　　　　名稱或標記之商品販賣、散布或輸出之行爲。
　　　　(二)使用交易上通常同種營業慣用名稱或其他標記之行爲。
　　　　(三)善意使用自己姓名之行爲，或將該項使用之商品，予以販賣、散
　　　　布或輸出之行爲。
　　　　(四)對第一條第一項第一款或第二款所揭之標記，在本法施行地區內
　　　　自其廣爲人知前已善意的爲同一或類似使用之人，或其標記之使用係
　　　　自該人連同其營業並繼受者，其使用行爲，或將使用該標記之商品販
　　　　賣、散布或輸出之行爲。
　　　　因前項第三款及第四款之行爲，其營業有侵害之虞者，爲防止商品營
　　　　業設施或活動之混淆，得請求行爲人附加適當標記，得純爲商品之販
　　　　賣、散布或輸出者不在此限。」其餘條文詳見我國公平會編印，各國
　　　　公平交易法相關法規彙編，頁七～五七以下，八十二年六月； 關於
　　　　日本執行之狀況，可參考日本獨占禁止法執行實務之研究，公平會編
　　　　印，八十一年二月。
注一〇　關於各國不正競爭法之執行情形，可參閱陳祐治著，公平交易法比較
　　　　研究，臺灣高院八十一年度研究發展項目研究報告，八十一年五

主管機關行政院公平會處理第二十條之案例，以及各法院之有關判決，
為數亦不少。本書乃嘗試以實證研究之方式，歸納其適用原則及認定標
準，參酌外國立法例評析之，以作為將來公平法之執行或修法之參考。
以下就各個行為形態，先闡釋其構成要件，再以公平會處理之案例為佐
證，並擷取法院判決理由研析之。至於未經過公平會之行政程序而直接
適用公平法之法院判決，其適用原則與認定標準與公平會之見解是否產
生差異，更值得探究。此處更涉及到行政程序與刑事程序之競合與優先
順序，以及普通法院是否須受行政機關法律見解及意思決定之拘束等問
題(注一一)，本書擬在第六章討論之。

第三節　使用他人姓名作為商品表徵之行為

　　公平法第二十條所保護之客體，必須與商品、營業或服務有關，因
其方具有競爭上的意義。商品係指營業交易之物，包括動產及不動產。
至於無體財產權經有體化結果，例如著作物，亦應視為本條之客體。本
條款所稱之外觀須具有區別商品來源的顯著性，使消費者就其外型與商
品主體來源產生聯想。該項表徵足使商品之相關交易對象見到係爭表徵
時，雖不必確知該商品主體之名稱，然有相當人數會將其與特定商品主
體產生聯想，故受保護之表徵須具有識別性及實際的市場經濟實力，本
質上具有個別排他的經濟利益，始有受法律保護之價值。以下便就該條

　　　　月；李延禧著，公平會因公出國人員出國考察報告書系列：日本獨占
　　　　禁止法關於「不公平交易方法」之認定與規範，八十二年八月；卓秋
　　　　容著，日本獨占禁止法之運作實況，八十二年十一月；許淑幸著，美
　　　　國競爭法制經濟分析之研究，八十二年十二月；白裕莊等四人著，日
　　　　本獨占禁止法及不正競爭防止法之研究及公正取引委員會之運作，八
　　　　十三年二月。
注一一　關於此問題，可參考廖義男著，國家賠償法，頁一〇六，八十二年七
　　　　月，增訂版。

款之各項行為分析之。為論述方便，以下各款之標題以行為所使用之客體對象為分類標準，然並非僅有該標題所稱之行為即有公平法第二十條之適用，其仍須具有公平法第二十條之其他要件如「相關大眾所共知」「足以顯示商品之表徵」「致使與他人商品主體來源混淆」等，方足以該條規範，僅先於此說明之。

第一項　構成要件之分析

公平法第二十條第一項第一款前段規定事業就其營業所提供之商品「不得以相關大眾所共知之他人姓名、商號或公司名稱、商標或其他顯示他人商品之表徵，為相同或類似之使用，致與他人商品混淆。」姓名乃人格權之一部分，任何人均可自由使用自己之姓名。姓名用來作商品、營業或服務之標示時，亦具有區別商品來源主體之功能。本條所謂「自己之姓名」必須為自然人的姓名，含有自然人姓名的商號不在此範圍之內。除一般姓名外，筆名、藝名等，亦有學說主張應可類推適用在本條文之規範範圍內。尤其現今多元化社會的情況，例如從事演藝之人士，其姓名亦享有相當知名度時，若用以表示商品或服務之來源，又符合公平法之要件時，亦應為受保護之表徵。

若在先前已有商品或服務使用某姓名，且為相當的消費大眾所熟知與接受，嗣後他人可否以該姓名使用於自己經營的商品或服務之上？其中涉及到個人姓名權與商品服務之表徵保護的利益衝突問題。公平法於第二十條第二項規定：「前項規定於左列各款不適用之：……三、善意使用自己姓名之行為，或販賣、運送、輸出或輸入使用該姓名之商品者。」同條第三項並規定：「事業因他事業為前項第三款或第四款之行為，致其營業、商品、設施或活動有受損害之虞者，得請求他事業附加適當表徵。但對僅為運送商品者，不適用之。」當使用自己的姓名於商品服務或營業之表徵時，若是基於善意，即使與他人先前使用的名稱造成混淆，亦得

繼續使用。此處之「善意」，與一般私法上所指之善意不盡相同。其主要是指「不具有不正競爭的目的」。是否具有不正競爭之目的，通常可由使用之方法上推斷。例如在使用自己的姓名時，與先前使用者在字體上、形態上特別相似，或者根本未附加足以區別的文字或表徵藉以避免消費者被混淆矇騙，甚至以積極之行為造成欺騙之結果，皆可能被推定為具有不正競爭之目的。比較外國相關之立法例，亦可得知，基本上並不限制後使用者善意使用自己之姓名，但在有引起混淆之虞時，善意使用者有義務附加適當標記以避免引起混淆。因此，姓名權在此並非絕對受到保障，而必須兼顧他人商業信譽與避免消費者受混淆（注一二）。

注一二　日本法關於姓名使用之規範，規定於其不正競爭防止法第二條第一項第三款。其第二條第一項規定：「前二條及第五條（罰則）之規定於左列各款行為不適用之：三、善意使用自己姓名之行為，或將該項使用之商品，予以販賣、散布或輸出之行為。」第二項則規定：「因前項第三款及第四款之行為，其營業有受侵害之虞者，為防止商品營業設施或活動之混淆，得請求行為人附加適當標記，但純為商品之販賣、散布或輸出者不在此限。」英國法則主要表現在 Joseph Rogers & Sons LTD v WN Rogers & Company 一案中。關於商品之表徵，任何人不得主張所使用者為自己的姓名而不受矇騙（passing off）法理的拘束。至於營業的表徵則有例外。當使用自己的姓名於營業表徵時，若是基於善意（honestly），即使與他人先前使用的營業表徵造成混淆，亦得繼續使用。但僅止於造成混淆（confusion）的程度，若已造成欺騙（deception），則仍不得繼續使用自己的姓名。關於英國法之案例分析，詳參閱 Joseph Rogers & Sons LTD v WN Rogers & Company (1924) 41 RPC 277 at 291. David Young, Qc, *Passing Off*, 2d ed., 1989, at p. 31. 以及 T.A Blanco White & Robin Jacob, *Kerly's Law of Trade Marks and Trade Names* 11th, ed., 1983, at p. 385. 至於美國法方面，則在商標法中規定，姓名具有次要意義使得受商標法之保護。早期見解將使用自己姓名的權利比喻為一種神聖的權利（sacred right），認為使用自己的姓名於一般合法的營業上，即使有損他人，亦不受干涉。但晚近則對此加以限制，主要理由在於保護消費者免於受到混淆或欺矇。實務上為達到區別之效果，有判令被告改變其文字的形態、大小、顏色、及命被告不得使用與原告有所關聯之方法。關於美國案例之分析，詳參閱曾陳明汝，美國商標制度之研究，頁三五，七十五年九月，增定再版; J. Thomas McCrthy, *Trademarks and Unfair Competition*, Vol. 1. 3ed., 1992, at pp. 15-4~15-19.

第二項　案例分析

一、事實概述

公平會曾受理一使用他人姓名之案件。其案例事實如下：

林志峰先生身兼歌手、演員之身分，以「林強」為其藝名，民國八十一年間以一曲「向前走」成為家喻戶曉之閩南語搖滾樂歌星，其成名曲獲得中華民國第三屆金曲獎最佳年度歌曲獎，並居流行歌曲排行榜八十年度冠軍，其所演唱之個人專輯「向前走」、「春風少年兄」迄今總發行量已逾七十二萬張，足徵其為相關大眾所共知之知名人物。而林強與真言社簽有合約，將林強關於使用其姓名、簽字於廣告或其他目的等事項授權真言社處理，並未授權其他第三者以其姓名作為飲料名稱行銷市面。詎料被檢舉人正揚製藥股份有限公司未徵得真言社及林強之同意，於八十一年九月十八日起製造之飲料取名為「林強有氧飲料」加以販賣，飲料罐上標明「林強」二字特別以草體書寫，易致消費者誤認該飲料係經林強親自簽名授權上市，正揚公司並在電視臺等大眾傳播媒體大力宣傳，該廣告內容除以閩南語發音，強調「林強」飲料名稱外，並引用林強成名曲「向前走」中之部分歌詞促銷，復於全省經銷據點張貼廣告載明「林強祝您身體健康」，並在時代醫藥週刊雜誌以「林強」二字為主體大肆宣傳。正揚公司則辯稱該公司港澳大陸地區銷售業務代表兼股東，本名即為林強，在該公司籌備生產有氧飲料前，於八十一年七月間向他人購得正揚股票，有八十一年八月二十七日股票轉讓過戶申請書及股東名冊可稽；又林強之名，經取得股東林強本人之授權方才命名「林強有氧飲料」，有林強護照及授權書可證。又正揚公司認為，林志峰先生以林強藝名崛起於演藝界，固為事實，惟不得因此謂真名林強之人崛起於他行業，即應得其同意，林志峰從事者為演藝事業，被檢舉人公司股東林強從事飲料生產，兩事業不同，不致有此林強與彼林強相混淆之虞。

就消費大眾而言，藝名林強者，其訴求對象則為唱片錄音帶等演藝歌唱市場之消費者，而被檢舉人訴求對象則為飲料市場之消費者，一產品在於聽覺之享受，另一則在於味覺之享受，當無混淆誤導消費者之選擇。後經檢舉人林強與真言社認為正揚公司有違反公平法之嫌，而向公平會檢舉。

二、商標註冊之問題

正揚公司依（舊）商標法施行細則第二十四條第十九類申請「林強」商標註冊使用於「冰、冰淇淋、汽水、果汁、蒸餾水、礦泉水、茶、咖啡、可可及不屬別類之飲料」，經濟部中央標準局以八十二年二月廿四日臺商審字第五〇七九六五號核准審定書准予審查公告，後經林志峰申請異議，中央標準局以八十二年十月十六日中臺異字第八二一〇六二號商標異議審定書（審定號數五九九六八八）審定「林強」聯合商標審定應予撤銷。其理由略以：商標圖樣「有他人之肖像、法人及其他團體或全國著名之商號名稱或姓名，未得其承諾者」，不得申請註冊，為（舊）商標法第三十七條第一項第十一款所明定，其立法意旨係為保護他人之肖像權、姓名權、全國著名之商號、法人及其他團體之名稱權。商標法對於「姓名」固未明文規定是否包括「藝名」，惟姓名為個人標誌及與他人區別的表徵，與個人有不可分離的關係，姓名的使用具有專屬的性質及排他的效力，係一種典型的人格權。是姓名不僅指姓名條例中的姓名，並且包括字、號、筆名、藝名、簡稱等在內。異議人林志峰先生以「林強」藝名從事演藝事業，首張專輯「向前走」即榮獲八十年金曲獎最佳年度歌曲及「金曲龍虎榜」臺語歌曲年度冠軍，為報章雜誌爭相報導，異議人除歌藝受到社會大眾所肯定，並曾參與電影「戲夢人生」、「只要為你活一天」演出，堪稱全國知名之藝人。從而被異議人以全國著名之「林強」作為「林強」商標圖樣，既未徵得異議人之同意，揆諸前揭法條規定，自不得申請註冊。

三、法院不起訴處分之理由

臺灣臺北地方法院檢察署偵查同案,以八十二年偵字第九三四六號對正揚公司代表人兼被告賴送欽先生為不起訴處分,其理由略以:按販賣使用相關大眾所共知之他人姓名之商品罪,必該販賣之商品有致與他人商品混淆之情形始足相當,此觀公平法第二十條第一項第一款之規定可知。本件被告等縱確有利用告訴人藝名促銷之意圖,然查被告等販賣之商品為有氧飲料,告訴人本人至今仍未生產任何飲料各節,業據告訴人之代理人自陳綦詳,是以「林強」之名稱,如告訴人稱係用以發展其無形的演藝事業,而被告則用以表徵其有形之飲料商品,兩者使用該名稱之用途顯不一致,從而自不可能發生被告販售飲料會與告訴人發展演藝事業混淆不清之情形,揆諸首揭說明,尚難認被告有違反公平法第二十條第一項第一款後段之行為,自難律以同法第三十五條之罪責。臺北地檢署檢察官為前開不起訴處分後,告訴人未再聲請再議,故本案不起訴處分已確定。

四、公平會認定本案違反第二十四條予以處分之理由

公平會認定本案違反第二十四條而加以處分之理由為(注一三): 1.按公平法對知名藝人藝名之保護,核其性質即類似服務表徵之保護,而其保護固不當然及於其他行業,惟事業仍不得以積極行為故意影射其商品為該知名藝人所推薦,即不得有所謂故意「搭便車」之行為,否則,其積極「搭便車」之行為違反公平法第二十四條「除本法另有規定外,事業亦不得為其他足以影響交易秩序之欺罔或顯失公平之行為」之規定。 2.本案林志峰先生以「林強」藝名從事演藝事業,其首張專輯「向前走」曾獲八十年金曲獎最佳年度歌曲及「金曲龍虎榜」臺語歌曲年度冠軍,嗣後復參與「戲夢人生」、「只要為你活一天」等電影片之演出,依

注一三　詳見公平會第一百三十三次討論案七,第一百三十五次報告案九,83公處字第046號處分書。

經濟部中央標準局八十二年十月十六日中臺異字第八二一〇六二號商標
異議審定書所述「已堪稱為全國知名之藝人」。今被檢舉人於「林強有
氧飲料」廣告中，以閩南語朗讀林志峰先生首張專輯名稱「向前走」，
核其廣告內容，易使人聯想廣告所稱之「林強」即為演唱「向前走」乙
曲之藝人「林強」，是故其廣告有攀附知名藝人林志峰先生之情事。被
檢舉人前開積極行為，顯有使消費者誤認其所提供於市場之「林強有氧
飲料」，與藝人「林強」有關或係屬藝人「林強」所推薦之商品，從而
其所為故意「搭便車」行為，已違反公平法第二十四條之規定。3.綜上
論結，被處分人之行為已違反公平法第二十四條「除本法另有規定外，
事業亦不得為其他足以影響交易秩序之欺罔或顯失公平之行為。」之規
定，爰依同法第四十一條前段處分，命其立即停止為足以影響交易秩序
之欺罔行為。

第三項　　本文評析

一、演藝人員是否為公平法第二條所稱之「事業」

　　演藝人員係以提供唱歌、戲劇等表演獲取報酬之人，其有受僱於一
定僱主者，雖具獨立形式，實質上乃受僱於多數僱主，不應以事業視
之。惟部分藝人以成立工作室、傳播公司等方式，為其個人策劃節目並
提供給電視公司，其經營演藝事業之方式，已有異於一般演藝人員，非
單純地只是提供表演（服務），而結合了相當之人力與財力，具備從事
經濟活動之「獨立性」，與公平法「事業」之概念相當 (注一四)，故演藝
人員究應否以「事業」視之，須依個案具體情形加以研判，始能決定。
查本案真言社與林志峰之合約書，林志峰係授權真言社為其獨家個人經

注一四　關於公平法第二條之事業的概念及範圍，詳參廖義男,公平交易法規範
　　　　之事業概念──第二條之詮釋，載於氏著，公平交易法之釋論與實務，
　　　　第一冊，頁十五～五五，八十三年二月，原載於公平交易季刊，第一
　　　　卷第二期，頁一～三三，八十二年四月。

紀人及顧問，眞言社擁有林志峰之獨家經紀代理權，獲有授權可將「林強」之姓名、簽字、相片、傳記等資料，用於廣告事項或其他目的，眞言社並爲林強安排參與演出事宜，故「林強」演藝事業，已結合相當之人力與財力，具備從事經濟活動之獨立性，應屬公平法第二條第四款所稱之「其他提供商品或服務從事交易之人或團體」，爲公平法所規範之「事業」，而「林強」之藝名卽爲其演藝事業服務之表徵。

二、本案非依商標法行使權利之行為

公平法第四十五條規定：「依照著作權法、商標法或專利法行使權利之正當行爲，不適用本法之規定」，本案審定商標尚未經註冊登記，不在商標專用權之保護範圍內，被檢舉人雖經取得「林強」審定商標，惟在公告期間卽被異議撤銷原審定商標，未能獲准註冊登記，其以審定商標使用於飲料商品之行爲，尚非依商標法行使權利之正當行爲，自不可依公平法第四十五條之規定而排除適用。

三、他機關見解對公平會之影響

本案當事人林強依刑事程序向檢察官告訴同案之事實，後經檢察官爲不起訴處分，其理由亦以：被告販賣之商品爲飲料，林強本人卻未以其名稱生產任何飲料，而係用以發展演藝事業，兩者使用該名稱之用途顯不一致，從而自不可能發生混淆不清之情形。故尚難認被告有違反公平法第二十條第一項第一款後段之行爲，自難論以同法第三十五條之罪責。由此可知，檢察官對於是否該當公平法第二十條之判斷，亦認爲「若非屬同類商品，縱然使用相同名稱，亦不致使消費者產生混淆」。蓋檢察官之見解與行政法院對於商標法上商標是否會使人誤認之認定標準相伤。行政法院之判決認爲，商標法規定，商標本身如與具相當知名度的他人商標近似，不得申請註冊，但如果不使用在同一商品、同類商品或性質相同、相似者，不在此限。在一家香港公司在臺以「LEGGO'S」

申請登記商標於肉食類商品之案件中 (注一五)，另一家瑞士公司提出異議，認為與該公司之商標「LEGO」近似，中標局重行審查裁定「異議成立」。但香港公司不服提起行政救濟。行政法院判決撤銷該處分及決定，理由即為，本案兩件商標，一件使用於肉食、肉精及醃肉等商品，另一件使用於玩具、運動遊戲器具、書籍、樂器、唱片等商品，兩種商品的營業範疇截然不同，消費對象不同，在客觀交易上，不至於使一般消費者產生誤認。因此認為中標局所做異議成立之裁定應予撤銷。

行政法院之見解乃針對商標登記之認定標準，認為近似之商標使用於不同類商品，不致使人混淆，故應予以許可申請登記，而檢察官及法院對於商標仿冒之案件亦有相同之適用原則。此種見解，由商標登記註冊之行政管理之觀點言之固然成理。蓋對於「襲用他人之商標或標章有致公眾誤信之虞者」，不得申請註冊，此在商標法第三十七條第七款有明文之規定。然而商標法之判斷標準仍以「有致公眾誤信之虞」為據，並非表示不同類之商品即無致公眾誤信之虞，只是在判斷上，不同類商品較不易使人產生誤信。但從不正競爭的觀點言之，多角化經營的企業往往銷售不同類型的商品，而使用同一商標或其他足以為表示商品主體來源之表徵。若他事業於銷售商品時，不使用自己之商標或表徵，而藉「搭便車」之途徑，使用近似或相同之商標，攀附知名公司之名聲，使人產生關係企業或某種授權關係之聯想、騙取消費者之信賴，以減少廣告推銷之費用及圖得額外之利益。此種行為不僅在同類商品會使人發生混淆，在不同商品類型使用相同或近似之商標亦會有致使人產生主體來源混淆之弊，這也是公平法第二十條之規範意旨所在。因此，商標法關於商標近似之判斷原則，雖有其成立之理由及依據，但在適用公平法第二十條時，不一定要全然拘泥於商標法上判斷之標準，而應注入防止

注一五　經濟日報，第十九版，商標近似、類別不同，仍可註冊，八十三年五月九日。

不公平競爭之概念。公平會對於商標近似觀念之認定，原則上與中標局之見解相同；站在行政機關相互尊重、專業分工之角度，雖可接受，但畢竟公平會為公平法之中央主管機關，對於公平法之執行，處於主導之掌控地位，為專責之行政機關。公平會在適用第二十條時，應考量本條防止不正競爭之立法意旨所在。至於檢察官之法律見解，本可在法院訴訟程序中加以判斷，基於尊重行政機關專業分工之觀點，檢察官及法院在受理有關公平法之案件時，可先函送公平會鑑定，避免司法機關與行政機關之見解分歧，導致行政爭訟程序與刑事訴訟程序之判斷相互矛盾之結果(注一六)。

四、對於公平會認定不違反第二十條之理由的評析

由上述公平會之處分書內容及理由可知，公平會認定本案被檢舉人所為「攀附他人名聲、積極搭便車」之行為，係屬「足以影響交易秩序之欺罔或顯失公平之行為」，違反第二十四條之規定，而依第四十一條處分。然而就是否違反公平法第二十條部分，並未在處分書中論述說明。實際上本案檢舉人檢舉之具體事項包括第二十條及第二十四條，而公平會之處分書僅就第二十四條部分加以研析，縱算公平會認定其不違反第二十條，亦應在理由中詳述之。然而本案在委員會議所提出之討論案中，有就檢舉人之行為是否違反公平法第二十條加以研析，只是並未顯現在處分書理由中。雖然如此，其據以認定不違反第二十條之理由，仍有值得討論之處。例如不具競爭關係之事業，是否無使人對其提供之商品或服務主體產生混淆之可能？「商品」與「服務」使用相同表徵造成之混淆，是否無公平法第二十條之適用？

公平會在本案初擬之研析意見中，認為「不具競爭關係之事業，應無使人對服務主體產生混淆之虞，亦非公平法第二十條所保護之客體。

注一六　關於法院與公平會之見解，有分歧亦有相同之見解，此點在本書第三章之後亦有討論。

本案檢舉人並未以林強之名生產銷售任何飲料，而被檢舉人生產銷售林強有氧飲料之行為，兩者間並無競爭關係，應無使人對商品主體產生混淆之可能，卽令該行為有可能引人誤認表徵權利人林強與該飲料間具有某種關係，亦屬藝人姓名權之保護之問題，與公平法第二十條所規範之仿冒行為尚屬有間。」（注一七）

在本案調查之過程中，公平會內部研討之意見認為，不具競爭關係之事業，縱使使用相同或類似之表徵，亦不會發生使人對服務主體混淆之可能。而所謂「不具競爭關係之事業」，又以本案之「服務」與「商品」為例，認為「……一為商品，另一為服務，兩者種類不同。而公平法第二十條所謂致與他人營業或服務之設施或活動混淆，係規範二事業之服務營業間是否有引起混淆之虞，至商品與服務間之混淆，不在本法仿冒規範範圍之內，因為使用他人相同或類似之著名表徵於不同類商品或服務時，由於商品或服務之類別有所差距，消費者不至於卽認仿冒者之商品、服務為原表徵權利人之商品、服務，此觀同條項將商品及服務分列不同之條款規定（非概括列於同一條款）可證其實，且行為人違反該法條之結果須負擔刑事責任，亦不應以類推解釋方式推斷行為人有該當構成要件之行為。」（注一八）

另外在初擬意見中，公平會以法條條文之規定方式為說理之依據，認為公平法第二十條將禁止商品與服務之表徵之混淆規定分別列在不同款項，故認為商品與服務類別有所差距，消費者不至於產生混淆。然探究公平法第二十條之立法意旨，乃在於避免交易相對人對商品之主體來源產生混淆，尤其在企業多角化經營模式下，往往推展銷售各種商品或服務，不以一種商品範圍為限。事業依其努力長久以來建立之商品或服

注一七　詳見公平會第一百二十五次委員會議討論案六，研析意見頁十二以下。
注一八　詳見公平會第一百二十五次委員會議討論案六，研析意見頁十四～十五。

務之商譽，　若被他人模仿攀附，　則係以不正當之競爭手法爭取交易機會，　造成不公平競爭之結果。　公平法第二十條將仿冒行為分為三款規定，第一款著重在規範將商標、商號、商品包裝或外觀等顯示商品之表徵為相同或類似之使用之行為，客體是屬於「有具體形象」可見的商品，而第二款則是規範致使他人關於營業或服務之設施或活動產生混淆之行為，客體是屬於「無具體形象」的服務或營業活動。第三款則是針對仿冒未經註冊之外國著名商標之行為。各款雖就保護客體部分有所不同，但皆是規範事業不得為使人對他人之商品、服務之主體來源產生混淆之行為。因此，只要是公平法第二十條之商品或服務之表徵，若他人偽造仿造或惡意的為相同或類似之使用，致使交易相對人誤認其與眞正表徵權利人有某種授權或贊助關係，倘其產品聲譽不佳，更將貶抑眞正表徵權利人之聲譽。雖然公平法將商品與服務之表徵分別列在不同款條文中，但並不代表此不同類商品就不會致使人產生主體來源之混淆，蓋關係企業、加盟合作關係之多角化經營模式已漸漸成為現代經濟市場之態樣，一個事業生產並銷售多種商品甚至提供服務，已是常見之情況，而公平法第二十條之所以要保護相關大眾所共知之商品或服務之表徵，就在於事業投入大量資本努力經營所獲得之商譽，不容他人輕易模仿抄襲、攀附名聲或搾取他人努力之成果，或以搭便車之方式獲取利益，造成他事業商譽受到稀釋之結果。而且若使用他事業已著名之商品表徵於不同類商品時，無疑排除了該事業生產或開發該種商品之機會。在此除了須考慮仿冒行為本身之不法性外，仍須加入制止不正競爭之觀念，避免事業以不公平之競爭手段達到獲利之目的。故本條之適用應不宜單純以是否屬同一或同類商品為理由，作為判斷是否該當本條仿冒行為成立與否之標準，仍須參酌其他構成要件及本條關於防止不正競爭之立法精神。

　　公平會對於本案最後以違反第二十四條處分之，處分書中所述之理

由為故意搭便車且攀附名聲之行為。然而在處分書中卻未就是否成立第二十條加以論斷，故上述初擬意見亦似未形成公平會一致之見解。然而縱使認為本案之行為不該當第二十條之要件，亦應於處分書中交代不構成之理由，且檢舉人檢舉之條文包括第二十條及第二十四條，公平會就本案所作之處分顯然有所疏漏，況且未就第二十條之爭議問題論斷，使得事後在受理此類案件時，仍有分歧見解之可能。

第四節　使用他人商號、公司名稱之行為

第一項　構成要件之分析

公平法第二十條所謂「以相關大眾所共知之商號或公司名稱，為相同或類似之使用，致與他人商品混淆」之行為，須該商號或公司名稱，能彰顯彼我之明顯特徵，亦即作為對公司商號主體或產品來源認識之重要特徵。公司商號之名稱如同自然人之姓名，屬人格權中之姓名權，亦受法律之保護。

為避免商號因名稱相同而引起混淆，商業登記法第八條第一項第一款規定，「名稱」為商號應登記之事項，並在同法第二十八條第一項規定：「商業在同一直轄市或縣（市），不得使用相同或類似他人已登記之商號名稱，經營同類業務。但添設分支機構於他直轄市或縣（市）、附記足以表示其為分支機構之明確字樣者，不在此限。」歸納言之，其保護之限度以同一縣（市）為其空間範圍，以同類業務為其事項範圍。又在他縣（市）設分支機構者，只要表示其為分支機構，在他縣（市）甚至可與當地經營同種類業務之商號的名稱相同，由此可見商業登記法給予商號名稱之保障相當有限。同法同條第二項規定：「商號之名稱，除不得使用公司字樣外，如與公司名稱相同或類似時不受前項規定之限

制。」亦即，商號不論業務種類是否相同，皆可使用與登記在先之公司
名稱相同之名稱。該條規定使公司名稱所受之保障大受影響。

公司法第十八條第一項規定：「同類業務之公司，不問是否同一種
類，是否同在一省（市）區域以內，不得使用相同或類似名稱。」依該
項規定之意旨「不問（公司）是否同一種類，是否在同一省（市）區域
以內」，只要經營同類業務，便不得使用相同或類似名稱。貫徹該意旨，
商業登記法第二十八條關於商號名稱之規定則須調整並與公司名稱為統
一規定的必要，應將第二十八條第二項後段刪除，或規定商號名稱不得
使用與經營同類業務且登記在先之公司名稱相同或類似之名稱。

經營同類業務之公司，不得使用與登記在先之他公司相同或類似之
名稱（公司法第十八條第一項），並無疑義。反之，經營不同類業務之
公司，是否得使用與登記在先之他公司相同或類似之名稱，雖有公司法
第十八條第二項規定：「不同類業務之公司，使用相同名稱時，登記在
後之公司應於名稱中加記可資區別之文字；二公司名稱中標明不同業務
種類者，其公司名稱視為不相同或不類似。」在此種情形，實務上常常
有可能發生混淆之虞。特別是知名度較高或投入廣告促銷費用較多之公
司，常以為其公司名稱業已為「相關大眾所共知」，他事業再使用相同
之名稱，不論經營業務是否相同，皆有可能造成交易相對人誤以為這些
事業分別提供之商品或服務來自於同一事業或事業集團。

第二項 案例分析

公平會曾就此類案例受理過數個案件(注一九)。就公司名稱之使用部

注一九　如於電話分類廣告簿上刊載「新力服務中心」，惟其並非新力家電公
　　　　司之維修商（公平會第六十四次委員會議討論案三決議）；五聯公司
　　　　影射莊頭北品牌已變更為五聯牌案（公平會第一百次委員會議討論案
　　　　五）；以及新加坡廠商能多潔股份有限公司臺灣分公司被檢舉違反公
　　　　平法第十九條第三款、第二十條、第二十二條規定案（第一百零六次
　　　　委員會議討論案七）。

分，萬客隆股份有限公司檢舉「萬客隆房屋仲介」股份有限公司使用其公司名稱，違反第二十條第一項第二款規定(注二〇)。公平會認為其不違反公平法第二十條之理由乃為依公司法第十八條第二項規定：「不同類業務之公司，使用相同名稱時，登記在後之公司應於名稱中加記可資區別之文字，二公司名稱中標明不同業務種類者，其公司名稱視為不相同或不類似」，另最高法院四十八年臺上字第一七一五號判例之要旨認為「所謂不正之競爭，當係指從事同類業務之公司而言。」故本案尚不違反公平法第二十條之規定。惟若被檢舉人公司在公司名稱之外，有進一步之積極行為（例如自稱為檢舉公司之關係企業，或實際上從事與檢舉公司登記業務之同類業務）使人誤以為二者之間為同一公司、關係企業或有業務上之關聯，則其行為具有欺罔交易相對人，分享檢舉公司之商譽，從而有違反公平法第二十四條之規定。本案檢舉公司並未具體指證被檢舉公司有從事何種與前開說明相當之積極行為，因此亦尚不能依公平法第二十四條論斷。

另外在「貞觀開發股份有限公司檢舉崇佑建設股份有限公司違反公平法案」中(注二一)，公平會認定就「相關大眾所共知」部分的理由為：「貞觀」為一歷史上有名之名詞，一般人均會聯想到「貞觀之治」，任何事業引用此一名詞以表彰某產品或營業服務主體時，並不能藉此推論該商品或服務必為相關大眾所共知。蓋公平法第二十條之要件「相關大眾所共知」，並非單純指該表徵而言，而係該表徵使用在商品或服務時，是否為大多數相關交易者皆能聯想到該商品或服務之主體來源，而屬於眾所周知之表徵。公平會認為本案兩者提供之商品服務並無使人誤認混淆之處，加以無證據證明「相關大眾所共知」，故無公平法第二十條之適用。

注二〇　詳見公平會委員第四十次會議決議內容。
注二一　詳見公平會第九十八次委員會議討論案一。

關於商業登記法之案例則是「中泰賓館案」(注二二)。臺北中泰賓館
股份有限公司檢舉基隆中泰賓館。公平會認為被檢舉人業於六十四年依
商業登記法第二十八條第二項獲准設立登記，且旅館業依營業之特性，
因顧客之消費習性而有其區域之別，本案兩者在建築、設備、標準、監
督管理方面有顯著差異，再者被檢舉人並未有任何使人誤認其為臺北市
中泰賓館之關係企業或分店之行為，故認其並未違反公平法第二十條第
一項第二款之規定。

由上述案例可知，公平會對於使用他人已依公司法或商業登記法登
記之公司名稱或商號，只要不屬於同類業務之行業，即認為屬於其他法
律之規定而可排除公平法第二十條之適用。其認為若行為人另為積極使
人誤認為關係企業或分店之行為，則須受公平法第二十四條規範。

第三項　本文評析

雖然上述案例之適用結論值得贊同，但認定之過程的方式仍有值得
爭議之處；公平會認為因為公司法等規定而當然排除公平法第二十條之
適用，若有積極使人誤認之行為，則以第二十四條作為規範之依據，顯
然其仍以公司法及商業登記法之規定為優先認定之標準及理由，而未同
時考量不正競爭之法理及行為人之行為是否有引人誤認或攀附名聲之內
涵。

再者，若被使用之名稱已被認定為相關大眾所共知，實際上應就
「致與他人商品混淆」部分加以探討，並不宜以二者之營業項目不同而
當然認為其不致引人混淆，而係以該名詞用於表彰該產品或營業服務之
主體時，是否會使人對提供該商品之主體來源產生混淆或誤認為判斷重
點。行為人既已有進一步之積極行為、或實際上從事同類業務使人誤以

注二二　詳見公平會委員第四十六次會議決議內容，以及公平會公訴決字第
　　　　010號「中泰賓館」案訴願決定書，刊載於該會公報，第二卷第三
　　　　期，頁四八。

為二者之間為同一公司、關係企業或有業務上之關聯，則其行為即該當公平法第二十條第一項第一款「以相關大眾所共知之他人商號或公司名稱，為相同或類似之使用，致與他人商品混淆」之規定，而不只是該當公平法第二十四條概括規定。蓋公平法第二十四條既為概括補遺之條款，若該行為在其餘條文已有明確之規定之情形下，無須再引用第二十四條之規定(注二三)。

關於商號公司名稱之保護，在外國立法例部分，德國不正競爭防止法第十六條有關企業標誌（Unternehmenskennzeichen）之保護規定可為參考。其條文規定為:「在營業交易中，對於姓名、商號、營利事業、工商企業或印刷物之特別標誌，足以與他人有權使用之姓名、商號或特別標誌造成混淆者，得請求其不為此種使用。使用人明知或應知其濫用之方法足以造成混淆者，對受害人應負損害賠償責任。營業之標記及其他區別該營業與其他營業之特定裝置，在參與之交易圈中，成為該營利事業之記號者，視同營利事業之特別標誌。此項規定，對於商標及商品表徵之保護，不適用之。」本條之行為只要有發生混淆之危險，即得予以制止，不問是否使用於同一或同類企業(注二四)。此處所謂之混淆之危險（Verwechslungsgefahr），包含廣義及狹義的意義，狹義的混淆危險係指仿冒之商號商標使人誤認其商品與原商號商標出於同一事業，廣義者是指仿冒之商標商號等表徵足以使人誤以為與原商標商號之間存有法律上、經濟上或組織上之關係。因此縱使經營不同類業務之事

注二三　關於不該當公平法第二十條而卻有公平法第二十四條之案例，例如高度抄襲他人商品外觀之行為，因為該商品外觀未足以成為辨識商品主體來源之表徵，故無第二十條之適用，但抄襲者之行為顯然已具倫理非難性、競爭手段亦顯失公平，故有第二十四條之適用。詳見本書第三章之論述。

注二四　參看 Babara Grunewald, *Der Schutz bekannter Marken vor dem Vertrieb branchenfremeder Waren unter Benutzung bereinstimnmender Zeichen*, NJW, 1987, S. 105 ff (108).

業仿冒他人商標商號之行為，仍有造成廣義混淆之可能。美國關於商號
(Trade Name) 卽公司名稱的保護，仍依商標法原則而適用。美國商
標法第四十五條關於商號的定義係指，製造者、工業者、商人、營業人
或其他營業者為識別其事業所使用之個人姓名、公司名稱。從事貿易或
營業之具有訴訟當事人能力之個人、商會、協會、公司合夥及其他農、
工、商、製造團體在法律上所使用正當之名稱均屬之(注二五)。聯邦最高
法院在一案中建立之原則認為，公司與商標、商號之定義雖有不同，
但關於二者之保護乃採相同之原則，皆在判斷該行為有無引起混淆之可
能。商標法上關於顯著性之要求，以及須有實際使用之原則，對於商
號、公司名稱皆有適用(注二六)。至於日本有關引起他人商品或營業設施
活動混淆之行為，主要規定在不正競爭防止法第一條。隨著企業多角化
經營、宣傳廣告的加強，日本判例上發展出「混淆」之概念，係以仿冒
者之商品與服務被誤認為與原商品服務之表徵權利人有某種關連，而不
以兩者之間必須具有競爭關係為限。在一九六六年（昭和四十一年）之
（YASCHICA）事件，卽為此種概念之案例 (注二七)。判斷是否引起商
品或服務主體之混淆，主要判斷因素為原被告間商品服務之性質，卽商
品服務之近似程度，以及原被告之競爭關係的遠近，此外，其知名度及

注二五　參看康炎村，工業所有權法論，頁三二七，七十六年八月；曾陳明
　　　　汝，美國商標制度之研究，七十五年九月。J. Thomas, McCrthy,
　　　　Trademarks and Unfair Competition, 3ed Vol. 1, 1992, pp.
　　　　9-25～9-28.

注二六　參看注一四之著作，McCarthy, J. Thomas, *Trademarks and
　　　　Unfair Competition*, Vol. 1, 1992, pp. 9-29～9-32.

注二七　原告 YASHICA 公司，其商標名稱夙著盛譽，使用於照相機、電視
　　　　機上，被告以此名稱使用於其所銷售的化妝品上。法院認為被告之行
　　　　為「給與一般人該化妝品乃原告之產品，或者至少是原告系列公司的
　　　　產品的印象」而禁止被告繼續使用該名稱。此一判決亦為日本法上保
　　　　護著名商標的典型案例。參看曾陳明汝，事所共知（著名）標章之保
　　　　護，載於氏著，專利商標法選論，日本（YASHICA）商標案，頁二
　　　　一五，七十九年九月，四版。

具體使用事實、營業額、營業規模、廣告宣傳等亦須考量(注二八)。

　　依我國法規定及法律體系適用之原則，關於商號之名稱，在商業登記法中既有規定商號不論業務種類是否相同，皆可使用與登記在先之公司名稱相同之名稱；關於公司名稱之規定，亦在公司法第十八條第二項明文容許登記在後而經營不同類業務之公司，只要於名稱中加記可資區別之文字，即可使用相同之名稱，且「二公司名稱中標明不同業務種類者，其公司名稱視為不相同或不類似」，除非另有積極行為造成混淆，使交易相對人有誤認商品或服務之來源之虞，事業依商業登記法第二十八條及公司法第十八條第二項所為之正當行為，原則上仍應予保障(注二九)。惟在公平法施行後，由於同法第二十條第一項第二款之規定，商業登記法第二十八條及公司法第十八條第二項之適用是否因此而受到影響？公平法第二十條第一項第二款所定商號或公司名稱之侵害的問題，乃以不正競爭之防止為立法意旨，目的在於制止使用他人商號或公司名稱，而使交易相對人產生對事業所提供之商品或服務來自同一主體來源之混淆。然而商業登記法及公司法關於商號及公司名稱之規範意旨，著重在於行政主管機關行政管理、事前監督的功能。蓋公司或商號之名稱的取得與登記，不僅是其公司法人格取得之依據，亦為商號或公司開始營業之始點。因此商號之登記須向主管機關為之（商業登記法第五、六條），公司名稱之登記核准權亦係由中央主管機關為之（公司法第十八條第五項），其名稱之取得、變更或結束使用，皆與行政主管機關有關，可稱為靜態的保護。至於避免名稱之混同導致交易相對人與

注二八　關於商品或服務之知名度之問題，我國公平法第二十條亦有「相關大眾所共知」、「外國著名商標」，商標法有「著名」商標之規定，亦同樣會有判斷標準如何建立之問題。尤其是公平會處理過之案例，其判斷準則之建立與執行問題，將在本章第七節予以討論。

注二九　此種見解在最高法院判例亦曾出現，見最高法院48年臺上1715號判例。

其交易時未受保護，雖爲公司法及商業登記法關於名稱登記制度之附帶功能，但眞正在營業過程中，動態的競爭秩序及交易安全卻是由公平法來維持。商業登記法及公司法關於商號公司名稱之立法當時，不見得有考慮到將規範不公平競爭之概念涵蓋其中。因此，關於使用他人商號或公司名稱之行爲，不應該單純以公司法或商業登記法之規定爲理由，即否定了使用者會導致交易相對人混淆之可能性。尤其在商號或公司名稱已爲相關大眾所共知時，更會發生攀附名聲或引人錯誤聯想之情形。

　　至於公司法或商業登記法關於名稱之規範內容，是否應參酌防止不正競爭之觀念而加以修正，則須從三個方向思考：一、行政主管機關能否在決定是否核准登記之時即判斷該名稱有使人誤信混淆之虞，從而制止該名稱之登記？二、若使用名稱有導致使人混淆誤認之情形出現，則應由行政主管機關爲行政處分制止其使用，或應由公平法之主管機關公平會依公平法規定予以處分命停止或改正其行爲？公平會可否以行政處分要求主管機關配合辦理塗銷其商號或公司名稱之登記？或者利害關係人可否以維持該行政處分之行政法院判決請求主管機關撤銷該商號或公司名稱之登記？三、對於此種使用相同名稱之情形有否改善之方法？

　　第一個問題之產生，乃因若在該法關於名稱之登記取得規定中加入不正競爭之觀念，則行政機關往往無法防範於未然，蓋核准登記前該商號或公司根本無營業活動，行政機關無法預先得知使用該名稱是否涉及不正競爭之行爲；且該核准登記之目的係在於行政管理之需求，以行政機關擁有之資訊及產業資料，亦無法判斷是否涉及不公平競爭之行爲。第二個問題則是，若於公司法或商業登記法中加入禁止使用攀附他人名聲及引人誤認之名稱之規定，其法律效果若設計爲該主管機關得撤銷其登記，而依公平法該行爲亦得經公平會爲行政處分制止之，同一事項有兩個主管機關依職權處理，恐有權責不清之弊。至於受公平會認定

其名稱之使用有不公平競爭之情形而處分之情形，日本早期實務認爲法院的判決並不當然可要求行政主管機關塗銷法人人格權或商號使用權取得之登記。但晚近見解則認爲依不正競爭防止法第一條之停止使用商號名稱之請求權，包括此種塗銷請求權，主管機關宜配合辦理（注三〇）。惟我國是否能爲相同之處理方式，尚未有實例發生，況且依前述，公平會往往在受理此類案件時，單純的以公司法或商業登記法已有規定爲由而認定其無不公平競爭之情形，然而此在將來案例，勢必有可能發生此種問題（注三一）。因此，關於商號公司名稱之登記取得問題，現行商業登記法及公司法仍有其存在之依據及需要。至於使用名稱之行爲是否引人混淆或誤認，涉及交易市場及競爭秩序之問題，仍宜由公平會依公平法判斷之。只是在判斷使用他人商號或公司名稱之行爲是否該當公平法第二十條第一項第一款時，不能以既存之公司法或商業登記法之相關規定爲唯一理由，認爲其使用行爲只要合乎該法之規定，卽絕對無公平法第二十條第一項第一款不公平競爭之規定。至於後使用者雖有公司法或商業登記法之法律爲依據，然而若有足以引人誤認或攀附名聲之情形，先使用

注三〇　參考張澤平，仿冒與公平交易法，頁一六八，注三三 所引日本學說；三宅正雄，商標本質及周邊之保護，頁三八九，一九八四年四月。

注三一　美國商標法類似之制度可供參考。美國商標法 Lanham Act則規定，縱使該法賦予商標所有權人商標專用權，但若使用商標以從事不公平競爭之行爲，並不能以此免除 Sherman Act 和 Clayton Act 之責任。因此法院判定某一商標被用來違反反托拉斯法的話，法院有權以判決撤銷該商標。參見Julian O. Von Kalinowski, *Antitrust Laws and Trade Regulation*, Vol. 7, pp. 59～27. 惟我國法院採二元制度，卽行政法院與普通法院分別受理行政訴訟與民刑事訴訟。而商標評定事件及救濟程序屬行政救濟及訴訟程序。若針對公平會之行政處分案件提起救濟，雖同爲訴願、再訴願、行政訴訟程序，但宜否在關於公平法之行政救濟程序中，就商標或商號、公司名稱之登記事宜予以斟酌或逕予決定是否撤銷登記之決定，似屬不當。蓋商號公司名稱或商標之登記乃有其個別之法令依據，不適當在公平法之案件中逕予決定行政管理之登記問題。

者應可依公平法第二十條第三項之規定，請求他事業附加適當區別之表徵(注三二)。

至於惡意使用他人註册商標作為自己公司或商號名稱特取部分之行為，在新修正之商標法第六十五條亦有規定：「惡意使用他人註册商標圖樣中之文字，作為自己公司或商號名稱特取部分，而經營同一或類似商品之業務，經利害關係人請求其停止使用，而不停止使用者，處一年以下有期徒刑、拘役或科新臺幣五萬元以下罰金。公司或商號名稱申請登記日，在商標申請註册日之前者，無前項規定之適用。」新商標法之規定，已加入防止不正競爭及混淆之觀念。公平法第二十條在規範關於他人公司名稱、商號之使用致使人混淆之行為時，應可參酌新商標法之規定。

第五節　使用商品容器、包裝、外觀之行為

第一項　構成要件之分析

商品之容器、包裝或外觀，經過事業長期的營業促銷，可以產生表彰商品來源之作用。公平法第二十條第一項第一款所保護之商品容器、包裝、外觀，應僅限於其業已經長期使用而達到相關大眾所共知，並且交易相對人得以之作為區別商品來源之認定對象。該條項所保護「商品之表徵」係指事業用以區別彼我商品之特徵，須具有顯著性，在經由事業長期使用於商品上，致該表徵於相關大眾產生次要意義，使一般人見諸該表徵及之該產品為某特定事業所產製，或雖不必確知該商品主體之名稱，然有相當人數會將其與特定商品主體產生聯想，亦即「商品之表

注三二　日本不正競爭防止法第二條第二項亦有相同之規定，見注一二。

徵」須具有表彰商品來源之功能。並非只要有使用商品容器、包裝、外觀之行為，即可依公平法第二十條擁有該排他使用之專用權。如欲單純就商品之外觀尋求專用權之保護，應依專利法及著作權法有關規定為之。產品之外觀容器、包裝等，若已經專利主管機關授予新型或新式樣專利，即表示該產品外觀具有專利性，屬於功能性外觀（Technisch-funktionelle Gestaltung），而非商標法或公平交易法第二十條之適用對象。

　　至於具有實用或技術性的商品外觀或表徵，若未能受專利法的保護，基於非屬專利權之技術應歸公眾享有之原則，該項表徵之使用應屬公共財之性質。惟該表徵若符合公平法第二十條之要件時，則又有排他使用之權限，屬於私有財之性質。在一項表徵同時具有公共財及私有財之性質下，即應衡量專利法與公平法所保護之法益。專利權所保護者為抽象技術性思想的創作，公平法是以防止不正競爭為原則，保障其商品形態或表徵所表現來源主體之功能。符合公平法之保護並不當然與專利權之保護相矛盾，受公平法保護之商品表徵，須以事業之存在為前提，不斷持續其廣告、宣傳、販賣促銷等營業活動，才能符合其保護要件，並非就該表徵給予永久權的保護，否則依專利法之規定，專利之獨占權在一定期限屆滿之後須歸由大眾共享使用之規範制度即被破壞。

　　公平法第二十條關於商品外觀、包裝、容器之保護，雖未明文規定將具有功能性、技術性之商品表徵排除在保護範圍外，但基於保障市場大眾自由利用技術，能使該表徵發揮最大效用的利益，應做如此之解釋。在適用公平法第二十條時，有兩個問題須解決：首先若判定該表徵屬於「功能性、技術性」之商品表徵，則排除公平法之適用，此時「功能性、技術性」之認定應建立一定之標準。第二個問題則是若該表徵符合公平法第二十條之要件，則須探討該商品表徵之專用權人得主張之權利範圍。以下便就公平會之案例，依其行為類型分類並評論之。

第二項　案例分析

第一目: 商品外觀包裝之類似使用

案例一: 商品包裝之使用 ——「燒蕃薯」案(注三三)

一、案例事實及起訴書內容

　　被檢舉人生產「燒蕃薯」商品, 使用類似於裕榮公司所生產商品「燒蕃麥」之包裝, 行銷全省。檢舉人裕榮公司產品「燒蕃麥」自八十年九月起即在電視臺大量廣告行銷市面, 其商品早於被告之「燒蕃薯」行銷於全省, 且其利用電視媒體廣告宣傳而致大眾可得而知, 兩者之「包裝, 無論就色澤、構圖、圖樣及字體均有使消費者混淆誤認之虞」。案經高雄地檢署以八十一偵字第二三六○○○號, 認為被告多次使用行銷之行為, 為連續犯公平法第三十五條之罪嫌予以起訴。經高雄地院函請公平會鑑定。

　　二、公平會之研析意見如下

　　(一)本案兩項商品名稱均因所使用之文字係表示所售商品之說明, 皆未取得商標專用權, 非商標法所保護之客體, 故本案系爭事項應為高雄地檢署及裕榮公司所論述繫於該商品之「色澤、構圖、圖樣及外觀包裝」是否有公平交易法第二十條第一項第一款之適用, 而無商標法之適用問題。

　　(二)本件系爭商品「燒番麥」無論從其在市場上廣告促銷程度 (在零食及食品類廣告排行榜分居第七及第三十二)、商品在市場銷售狀況 (營業額已達一億元) 及消費大眾之印象等而言, 「燒番麥」商品在食品類已具有相當之知名度及市場地位。 再加上系爭商品「燒番麥」與「燒蕃薯」字體甚大, 標示於該商品包裝顯著位置, 名稱卻截然不同,

---

注三三　詳見公平會第一百一十三次委員會議討論案四之決議內容。

一般消費者施以普通之注意即可區別商品異同，證諸「燒蕃薯」商品清楚標示不同名稱、商標及生產廠商，應認無攀附、欺罔情事。

（三）「燒蕃薯」銷售上市之時間在「燒番麥」商品達到「相關大眾所共知」之前，被檢舉人販售該商品時點與裕榮公司產品廣爲周知時間差距頗大，且「燒蕃薯」在市面上銷售情形並不普遍，購買不易，不似「燒番麥」行銷通路廣泛及營業額量大，故「燒蕃薯」在市場上銷售對「燒番麥」之影響亦屬有限；況無論「燒番麥」或「燒蕃薯」名稱，依行政法院見解皆屬以閩南語發音來表示商品內容之說明，不得申請註冊登記，且「燒番麥」外觀包裝爲「商品之表徵」尚未足以與商品之主體產生聯想，旣不具有表示商品來源之功能，在該項商品未取得次要意義前，並不受公平法之保護。

三、法院判決

公平會鑑定之結果函送高雄地院，法院認定該二者商品不致發生混淆誤認之情形，其判決理由摘要如下(注三四)：

（一）本案系爭事項爲商品之色澤、構圖、圖樣及外觀包裝是否有公平法第二十條第一項第一款之適用。該條項所保護「商品之表徵」係指事業用以區別彼我商品之特徵，須具有顯著性，在經由事業長期使用於商品上，致該表徵於相關大眾產生次要意義，使一般人見諸該表徵及之該產品爲某特定事業所產製，或雖不必確知該商品主體之名稱，然有相當人數會將其與特定商品主體產生聯想，亦卽「商品之表徵」須具有表彰商品來源之功能。

（二）兩商品之容器均爲長方形塑膠材質封套，該等容器業爲製造糖果餅乾類商品所慣用，顯不具與同類商品區別之表徵，且無法表彰商品

<hr>

注三四　判決書（高雄地院82年度易字第 743 號）全文詳見公平交易法司法案
　　　　例彙編（一），公平會編印，頁二九一～二九六，八十三年三月。

之特定來源。且兩商品外觀包裝，雖在創意、色彩上有所相仿，然一般人就其主要部分，施以普通之注意即可辨識兩者之異同，尚不致生混淆誤認之虞。

案例二：商品包裝不具備表徵之要件 ──「亞信檸檬派」之包裝案（注三五）

本案系爭商品包裝之設計、圖樣、位置、顏色係該類產品通常使用之方法，因該產品尺寸係配合餅乾大小、貨架排列以及紙箱之運送堆積方便，一般多以長條型包裝為主，且其顏色、設計圖形、水果圖樣之排列造型等，尚未能達到本法規定作為區別商品來源之表徵。而其係「亞信」品牌名稱為相關大眾所共知，其包裝外觀未能使消費者使用後對商品來源產生印象，故其並無公平法第二十條之適用。

案例三：商品容器不具備表徵之要件 ──「三能爽達含錠」案（注三六）

法商華達藥廠公司檢舉三能化學股份有限公司製造、爽達股份有限公司總代理之「三能爽達含錠」之商品容器、外觀與其為相關大眾所共知之「VALDA PASTILIES」商品容器、外觀混淆類似，涉嫌違反公平法第二十條規定。公平會認為其並無違反公平法第二十條之理由為，本案檢舉人所主張之表徵，係「樺達錠」(VALDA PASTILIES) 包裝容器之外觀、圖樣及設色。

（一）就其容器部分：經查該商品容器本身係一圓扁形之容器，為製造含錠業者習慣上通用，公平會搜集市面上喉糖之容器，以及同業生產製造含錠之包裝容器可資佐證。是以該圓扁形容器顯然不具備與同類商品區別之表徵，且無法表彰商品之特定來源。

（二）就其圖樣及設色部分：容器盒蓋上之圖樣，因已取得商標註冊登記，具有表彰商品之顯著性，自屬於表徵。另有關「金黃色」部分，

注三五　詳見公平會第七十八次委員會議討論案四。
注三六　詳見公平會第一百零六次委員會議討論案六。

檢視「樺達錠」包裝，應係配合商標圖案之設計所使然，依一般消費通念，除非該色彩另有特殊設計，否則以單純的「金黃色」，尚難認有表徵之作用，而由檢舉人所提供之文宣資料中，亦未發現有以其「金黃色」作為訴求重點，被檢舉人所提供類似產品「MORRIS、SUNNYDAYS、EUKALYPTUS、SADA、清喉丸」之包裝容器等亦為金黃色包裝，故該「金黃色」亦難具有表徵之作用，是以檢舉人「樺達錠」喉糖之表徵應僅止於盒蓋上之「圖樣」。

檢舉人雖主張被檢舉人圖樣上之曲折捲繞及藍色帶子與其類似，但經查證被檢舉人「三能爽達」包含盒上之圖樣已取得中央標準局第三四四六〇七號商標註冊在案。本件檢舉人與被檢舉人之商標圖樣均經經濟部中央標準局商標註冊在案，兩商標併存使用多年，且各具知名度，均屬依商標法行使權利之正當行為，尚無公平法第二十條第一項規定之適用。

案例四：商品容器外觀不致生混淆 —— 「潤爽、快治達」案(注三七)

本案告訴人所代理之「快治達」噴霧粉包裝容器之外觀與被告之「潤爽」噴霧粉相較，二者產品包裝上之字體顏色、大小相彷彿，通體設色相同，瓶底運動中之人形圖案亦完全一模一樣。然二產品瓶蓋以黃色明顯字體所標示之中文商標，告訴人為「快治達」，被告為「潤爽」，顯著不同。又瓶身之圖案設計，告訴人產品係以一白色倒三角形暨一黃色腳丫所組成，被告之產品僅以一黃色倒三角形構成，告訴人以腳丫為其產品外觀之主要圖案意使人易於聯想到產品之用途、使用方式等產品訊息，對交易相對人而言，乃一重要產品訊息之提供。交易相對人於購買時，只要施以普通之注意，極易區別商品來源不同，不致產生混淆，故不符合公平法第二十條第一項第一款之要件。

注三七　詳見公平會第九十六次委員會議討論案七。

案例五: 商品外觀非屬表徵 —— 雅美茶盤花草圖案(注三八)

本案檢舉人產品「雅美茶盤」之外形或盤內花草圖樣，不具有顯示他人商品表徵之特性：查檢舉人產銷之「雅美茶盤」，其外形係該類產品功能性之形狀，一般消費者不致以其外形作為辨識該產品為正烽公司所產製之表徵；復查檢舉人該項產品盤內之花草圖樣為國畫中常見之作畫題材，無從使一般消費者，一見該花草圖樣即知是檢舉人產品，頂多於該花草圖樣為檢舉人創作時發生著作權法上問題，不具備本法第二十條「表徵」之要件；再查就其外形、花草圖樣通體觀察時，亦不具有使人產生該產品為檢舉人所產製之印象，故本案檢舉人之產品「雅美茶盤」不符合本法第二十條第一項第一款規定之要件，自不生被檢舉人仿冒情事。

第二目：未取得專利權之商品容器外觀

案例一：「妙管家」清潔劑案(注三九)

臺灣莊臣公司檢舉臺灣喜而適公司、臺灣妙管家公司及普德公司製造銷售「妙管家」地板清潔器仿冒檢舉人之「愛地潔」及「磨石樂」產品之容器、外觀及標示，違反公平法第二十條第一項第一款及第二十四條。本案中，依檢舉人之主張及證據，雖可知系爭瓶型確係由檢舉人早於被檢舉人所使用，然檢舉人並未依法取得該瓶型之專利，且在公平法實施之前，該系爭瓶型既已為相關廠商所共用，已失其獨特之辨識功能，則檢舉人自不得再主張為其所獨有之辨識表徵。

就檢舉人「愛地潔」與被檢舉人「妙管家」之商品容器上之圖案、標示而言，兩者雖均以廚房為背景，再配合一些清潔用語及使用方法，惟查系爭清潔劑係家庭日常用品，廚房及其用具、地板均是清潔劑使用之對象，拖把、水桶是配合清潔用之工具；換言之，即是兩者所使用之

注三八　詳見公平會第四十八次委員會議討論案二，公參字第02730號函。
注三九　詳見公平會第一百零三次委員會議討論案三。

標示僅係商品本身之使用說明，並不具獨特性，難謂為商品獨有之表徵，且二者之圖案並不相同，清潔用語及使用方法之文字表達方式亦不相同，尚無使消費者誤認之虞。

　　且雙方當事人系爭產品均屬日常家庭消費用品，市面上類似外觀之產品極多，消費者經由不斷購買，會經由品牌及其他標示以為辨識購買之依據。而系爭產品在商標（莊臣與妙管家）、產品名稱（愛地潔／磨石樂與妙管家地板高效清潔劑）、製造者（美商臺灣莊臣股份有限公司與臺灣喜而適股份有限公司授權普德有限公司製造）、英文名稱標示(KLEEN' NFRESH與MAGICAMAH) 等皆不相同。消費者只須施以一般人之普通注意即可輕易區別，故其商品整體外觀尚不致有使購買者發生混淆之情事，應無公平法第二十條第一項之適用。

　　檢舉人所主張之容器外觀於公平法施行前已為清潔劑商品普遍所使用，且被檢舉人於公平法實施前即已使用該等容器外觀，又容器上之圖案、標示、商標亦均不相同，無致使消費者產生誤認，亦無攀附檢舉人聲譽之情事，自難謂其行為有違公平法第二十四條之規定。

　　案例二：不具新穎性且非首創獨有之造型，不視為「表徵」（注四〇）

　　本案系爭「城堡式」時鐘之形狀乃係仿自中世紀歐洲之建築物造型而縮小比例，附加利用，其整體並無明顯之造型過程與特徵，實不脫模仿既有建築之窠臼，本不具新穎性；且經濟部中央標準局專利處於本案系爭「教堂式」座鐘新式樣專利之核駁理由中亦認為該商品之形狀係仿自中古時代之教堂造型，另設尖聳高塔、大樹、人物及圓形時刻指示等，整體觀之，尖塔狀鐘樓、拱形窗門及人字形屋頂等造型均為一般習見中古時代教堂之模擬，整體意象乃既有物形之直接仿效，不具特別之

　　注四〇　參看公平會第八十九次委員會議討論案五，方浩實業有限公司檢舉常瑞貿易有限公司涉嫌違反公平法第二十條第一項第一款、第十九條第五款及第二十四條規定案。

視覺感受，難謂係新穎之創作。故此商品之外觀及形狀並不具表彰商品來源之顯著性，自非公平法第二十條所稱之表徵。

第三目：具有實用功能或技術性的商品外觀或表徵(注四一)

案例一：不具備區別商品來源之顯著性 —— 大和精工釣魚自動捲線器案(注四二)

(一)按公平法第二十條第一項第一款所稱之「表徵」係指該項特徵（或為商品容器、包裝、外觀或為其它可顯示區別他人商品者）足以表彰其商品之來源，符合此要求者，始為該條項所欲加保護之對象。

(二)本案系爭之產品為「微電腦控制電動船用捲線器」，依告訴人所檢送之七十八年至八十年之八期在釣魚有關之雜誌上之廣告及該系爭產品在臺灣同類產品之市場占有率為一八％之資料，並參酌公平會邀集釣友團體、釣具販賣業者舉辦之座談會與會人員之發言內容，該產品在國內市場應已具有相當之知名度。

(三)該外觀為商品操作時必備之構造及設施，不具有區別商品來源之顯著性。且該實用性功能的特徵須以取得專利權之方式才能享有排他的使用權，而非以公平法第二十條請求禁止他人從事模仿該表徵之行為。

(四)被告商品之外形固與告訴人之商品外形相同，惟查系爭產品並非一般日常生活用品，其購買者多係對船釣具有相當專業知識之人，對相關器具之資訊及辨識能力均較一般人為佳，加以系爭產品之價格較

注四一　類似案例還有：雙冠企業檢舉龍億公司仿冒日本象印株式會社「食器乾燥機」商品外觀案（第八十三次討論案八）；德國施德樓公司檢舉萬事捷公司仿冒工程筆及磨蕊案（第七十一次委員會議討論案五）；禾懋公司檢舉泰岫公司之「PIER-39」氣墊鞋涉嫌仿冒案（第五十四次委員會議討論案三）。

注四二　詳見公平會第五十四次委員會議臨時討論案。

高，購買者之注意力自然亦較高。因此，除非商品之外觀已成為表彰商品來源之表徵，否則，購買者除商品之外觀外，尚會透過各種有關之資料，以為辨識來源之依據。案關之二商品在商標、產品推出時之廣告及其訴求（被告產品強調為臺製，告訴人之產品則為日製），並不相同，又有銷貨員之告知等各種途徑，消費者均瞭解其選擇之產品為何，故未聞有消費者反映買錯商品。亦即本案中告訴人系爭商品之外觀，並未成為相關大眾辨識商品來源之依據，換言之，其非顯示商品外觀之表徵，從而，在交易上購買者不致因商品外觀之相同而對商品來源產生混淆，故不符合公平法第二十條第一項第一款規定之要件（參照公平會八十一年十月二十一日（八一）公參字第○八六○二號函）。

　案例二：功能性之構造不足作為商品表徵 —— 尚禹公司百能鉛筆原子筆案(注四三)

　　就檢舉人所檢送產品目錄廣告、被檢舉人檢送之其他各家廠商所生產商品之型錄廣告觀之，及公平會派員作市場調查，發現該類商品之筆桿顏色、花樣略有些微差異，然該等圖案及其排列方式和筆桿色調，係為增加商品美觀，吸引不同年齡之消費者購買而設計的。檢舉人商品之筆桿上有各種不同的可愛圖案（如動物、糖果、人物、水果）為文具用品中常見之素材，且筆桿色調（具有半透明效果、半透明霧狀效果及不透明螢光色系效果）之設計為美學上色彩之基本運用，係為增加視覺效果。此種具有美感機能之包裝，能夠滿足美感的需求，本身不具有標章的目的，應容許他人模仿此種不具有專利或著作的利益，是故商品設計圖案、顏色等組合具有美感機能，不具備本法第二十條「表徵」之要件。

　　本案檢舉人商品之構造、外觀及尺寸，其原子筆及免削鉛筆之外觀

注四三　詳見公平會第一百零四次委員會議討論案五。

包括筆管(長度為 125mm)、「掛橡擦筆套」、「安全透氣筆套」(長度為 40mm)、「雙橡擦筆套」、後套等,系爭二商品之筆管、筆套、後套之結構、外觀、尺寸完全相同,然該等外型係該類商品交易上慣用之功能性形狀。系爭免削鉛筆使用「掛橡擦筆套」在便於使用者可直接擦拭,而「安全透氣筆套」可以防止幼童意外吞嚥時仍有氣孔暢通不致窒息,另「雙橡擦筆套」為原子筆、免削鉛筆套裝組合在便於使用者攜帶方便,可擇一而用。故「安全透氣筆套」、「掛橡擦筆套」、「雙橡擦筆套」等是基於功能上所需而設計的。其所以受消費者喜愛,係因其具有功能性之外觀設計,並非因消費者瞭解該商品為特定之製造者所生產,其不足以作為區別告訴人產品之標誌,而非其他競爭者所得共同使用者。

本案就商品之外觀、構造、尺寸及筆桿上圖案、色調通體觀察,並不足以使消費者有該等商品為檢舉人所產製之印象,故本案檢舉人之產品不符合本法第二十條第一項第一款規定之要件。綜上論結,被檢舉人應未違反公平法第二十條第一項第一款之規定。

案例三: 功能性外觀非屬表徵 ——「太陽能熱水器」案(注四四)

澳洲 Hardie Energy Products Pty. ltd. 檢舉臺灣德士特公司、旺安公司製造、販賣太陽能熱水器,涉嫌仿冒案。公平會第六十二次委員會議決議認為,事業就其營業所提供之商品,不得以相關大眾所共知之他人外觀或其他顯示他人商品之表徵,為相同或類似之使用,致與他人商品混淆,為公平法第二十條第一項第一款所明定。按該條款所稱之「其他顯示他人商品之表徵」,係事業用以區別彼我商品之特徵,亦即一般人見該表徵,即知該產品係某事業所產製。查本案檢舉人產品之外形,係該類產品功能性需求,即為了增加集熱效果,須以此種外形、構造為之,方能達到集熱效果。而儲熱槽置換方式有臥式或立式兩種,其

注四四 詳見公平會第六十二次委員會議討論案二。

外觀常見者爲圓形或方形，參以同屬不銹鋼類之八家產品型錄比較，在
八家產品十型中，圓形者有七型；方形者僅三型，可見儲熱槽外觀爲圓
形係常見之外觀，並非顯示商品之表徵，故本案並無公平法第二十條之
適用。

第三項　本文評析

　　由上述公平會受理之案例可知，對於商品之容器、包裝、外觀能否
足以該當第二十條之表徵所保護之要件，必須事業用以區別彼我商品之
特徵，具有顯著性，在經由事業長期使用於商品上，致該表徵於相關大
眾產生次要意義，使一般人見諸該表徵及之該產品爲某特定事業所產製，
或雖不必確知該商品主體之名稱，然有相當人數會將其與特定商品主體
產生聯想，亦即「商品之表徵」須具有表彰商品來源之功能，方能受公
平法第二十條之保護。就某些功能性的表徵，或謂可依專利法申請專利
權保護即可，惟專利法保護專利權之重點，在於技術性思想的創作，而
公平法保護者著重該商品形態或表徵所表現之商品主體及來源的功能。

　　商品之形態或表徵，所以受公平法保護，乃因該商品經由持續不斷
地爲廣告、宣傳、販賣促銷等企業活動，使相關大眾從其商品之形態或
表徵，即可聯想其商品之主體與來源。因此爲避免此相關大眾所共知並
顯示係特定主體與來源之形態或表徵，受他人爲相同或類似之使用而引
起混淆，遂有公平法第二十條保護之設。至於享有新型或新式樣專利權
之商品，其形狀構造、花紋或色彩，並未使人與其商品主體或來源產生
聯想，或未達「相關大眾所共知」之程度者，則不該當於公平法保護之
要件。故公平法與專利法兩者保護法益並不完全相同。商品之形狀構
造、花紋或色彩，縱未依專利法申請新型或新式樣，或者因專利法之
保護期限已過，但因該商品之整體造型或表徵已達相關大眾所共知之程
度，使消費者一看到該特定商品造型或表徵即能聯想到該商品之主體來

源，則非不得受公平法第二十條之保障。若他人之同類商品欲爲類似之使用，則應附加足以使人區別辨識之適當表徵（參照公平法第二十條第三項），如不爲此區別而刻意模仿，致客觀上足以引起主體混淆者，此種模仿行爲，不能以其模仿之客體形狀、色彩等已不受專利法保護而屬大衆財，即可不受公平法之規範。蓋公平法所欲防範者，爲足以引起商品主體或來源混淆之危險。從而不能以商品之形狀結構合於實用新型或花紋色彩適於美感新式樣，可申請專利而不求專利法之保護，或者專利權之保護年限已過，即因此亦否定其受公平法之保護。若商品之形狀、色澤、花紋及式樣，已達「相關大衆所共知」其商品主體與來源之程度，若刻意模仿足以使人誤認其商品主體來源之虞，應視爲違反公平法第二十條第一款之規定。至於專利法中關於仿冒專利品之刑事處罰，製造新型專利品者，最高爲二年有期徒刑或十五萬元罰金；製造新式樣專利品者，最高爲一年有期徒刑或六萬元罰金；明知而販賣、意圖販賣而陳列、輸入仿冒品之處罰，最高僅爲刑事罰金六萬元，且皆爲告訴乃論罪，提出告訴時，並須檢附侵害鑑定報告書與侵害人經專利權人請求排除侵害之書面通知（新專利法第一百三十條）。然而因爲公平法第二十條之要件較嚴格，故符合專利法處罰規定之仿冒行爲，並不一定該當公平法第二十條之要件。若有一行爲同時該當二法之情形發生，則依法規競合之原則，適用一較重之公平法（最高三年有期徒刑及一百萬元以下罰金）即已足。而提出侵害專利權告訴之條件，應是可以避免濫訴之方式，司法機關認定事實時亦較有所依據，公平法第二十條亦可考慮採取類似之規定，以公平會之鑑定意見作爲刑事告訴之條件。然而公平法修正草案將公平法之刑事處罰規定已改爲「先行政後司法」之方式(注四五)，日後司法機關在受理有關公平法第二十條之案件時，亦可相當程度參酌

注四五　有關公平法修正草案中「先行政後司法」原則，詳見本書第五章之論述。

公平會之行政機關之專業判斷及行政處分之認定結果。

　　至於何種商品外觀屬於功能性、技術性之表徵，各國判斷標準並不一致。美國法對於附麗於商品之標籤、包裝等外觀，統稱為 trade dress。其與商品容器之形狀，有時不易區分，此種對於侵害商品外觀 (Product Appearance) 與商品包裝等行為，皆稱為商品外觀之侵害 (Infringement of Trade Dress) (注四六)。至於德國商標法採註冊主義，商標以註冊登記為取得商標專用權之要件，並不以商標在市場上取得實際的識別力為要件，但若有一未經註冊之商標，經過長期使用、廣告宣傳之結果，在市場上已有一定之知名度及識別力，則因其未註冊而不能受保護，為彌補註冊主義形式化之缺陷，在一八九四年商標法第十五條即發展出表徵權 (Ausstattung) 的理論，亦即現行德國商標法第二十五條之規定:「商業交易中,於廣告、容器、包裝、廣告、價格表、商業函件、推薦書表、帳單或相類似者之上，違法附加他人在相關交易領域，於同一或同類商品上作為標章的表徵，或在交易中引進、販賣此等違法標識之商品者，他人得對之請求停止該作為。」同條第二項則規定損害賠償之責任，第三項則規定故意行為得處六個月以下之刑罰 (注四七)。依學說及判決見解，德國商標法第二十五條保護之商品或包裝

注四六　參看注一四之著作，J. Thomas McCrthy, *Trademarks and Unfair Competition*, 1992, 3ed, pp. 9-2～9-22.

注四七　原文為:

「(1) Wer im geschäftlichen Verkehr Waren oder ihre Verpackung oder Umhüllung, oder Ankündigungen, Preislisten, Geschäftsbriefe, Empfehlungen, Rechnungen oder dergleichen widerrechtlich mit einer Ausstattung versicht, die innerhalb beteiligter Verkehrskreise als Kennzeichen gleicher oder gleichartiger Waren eines anderen gilt, oder wer derart widerrechtlich gekennzeichnete Waren in Verkehr bringt oder feilhält, kann von dem anderen auf Unterlassung in Anspruch genommen werden.

(2) Wer die Hanglung vorsätzlich oder fahrlässig vorn-

容器，應具有表徵能力（Ausstattung Fähigkeit）及交易聲價（Verkehrs Geltung）。所謂表徵能力，係指商品之表徵必須能用以識別其所附著之商品之來源，而與其他相同或同類商品相區別，且表徵部分必不屬於商品的本質要素（Wesen der Ware），亦卽非屬商品本身之一部，而為商品之附屬部分（Zutat），此乃基於表徵的標示功能（Kennzeichnungsfunktion）之解釋(注四八)。但若某商品之外型具有特殊技術或美感功能，消費大眾均認為此種外型構成商品的重要部分，則此外型不具有表徵能力，非屬表徵權的保護之客體。如此方可避免某些未受專利法或著作權法保護的設計或創作，透過表徵權的保護反而取得獨占專用權的地位。至於交易聲價，則是指該表徵在市場上經過相當長的期間、達到相當程度之交易名聲（Verkehrsbekanntheit）。其應占有相關市場上相當重要的部分，德國商標法第二十五條之條文中所謂「在相關交易區域內，於同一或同類商品」卽為交易領域之規定。並且該表徵尚須足以表示商品係源自特定之主體來源，且應以消費顧客群為判斷對象，非以競爭者為基準(注四九)。另外德國商標法第三十一條規定：「本法之規定，縱使因標章形態有所不同，或者就商標、徽章、姓名、公司名稱及其他商品標誌之複製而有改變，只要在交易上存有混淆之危險，亦不排除其適用。」(注五〇)由此更可看出德國商標法已將不正競爭防止

---

immt, ist dem anderen zum Ersatz des daraus entstandenen Schadens verpflichtet.

(3) Ist die Handlung vorsätzlich begangen worden, so wird der Täter mit Freiheitsstrafe bis zu sechs Monaten oder mit Geldstrafe bis zu einhunndertzig Tagessätzen.」

注四八　參看 Baumbach/Hefermehl, *Warenzeichenrecht und Internationales Wettbewerbs-und Zeichenrecht*, 12 Aufl, 1985, S. 778～781.

注四九　同前注，Baumbach/Hefermehl, S. 790～795.

注五〇　原文為「Die anwendung der Bestimmungen dieses Gesetzes wird werder durch Verschiedenheit der Zeichenform (Bild-und Wortzeichen) noch durch sonstige Abweichu-

法之概念涵蓋其中，商標法實為不正競爭防止法之一環。在解釋我國公平法第二十條關於商品外觀包裝容器等之保護時，應可加以參酌。

第六節　使用他人營業或服務表徵之行為

第一項　構成要件之分析

營業或服務之表徵，係指事業關於營業場所之佈置、裝潢、貨物擺設款式、陳列之態樣、服務人員之制服、各式標語所構成外觀上之表徵，足以使消費者區別其事業之作用者。因其具有吸引消費者之功能，可作為區別商品或服務來源之媒介，故列為公平法第二十條所保護之表徵之一。如何判定事業之營業佈置已達營業或服務之表徵之功能，學者曾提出一相當有趣之方式。即將小孩之眼睛蒙起，帶至該商店中，然後打開眼罩詢問其置身那一家店中，倘其不看商店之招牌，即可確認商店之名稱，則該商店之營業布置已具營業表徵之功能(注五一)。

第二項　案例分析

公平會受理關於營業服務表徵之仿冒行為的案例極多，但認定成立第二十條之案例卻迄今未見。以下便舉幾個典型之案例探討並分析之。

案例一：商業文書遞送公司使用「民營郵局」名稱案(注五二)

一、案例事實

某民間公司在全國各地公然懸掛「民營郵局」招牌，其所用車輛漆

---

ngen ausgeschlossen, mit denen Zeichen, Wappen, Namen, Firmen, und andere Kennzeichungen von Waren wiedergegeben werden, sofern trotz dieser Abweichung-en die Gefahr einer Verwechslung in Verkehr vorliegt.」

注五一　參看黃茂榮，公平交易法理論與實務，頁三八八，八十二年十月。

注五二　詳見公平會82公處字第90號處分書、83公處字第022、023號處分書。

上「××民營郵局」字樣，雇用人員制服亦有「××民營郵局」字樣，並在報章刊登廣告，大力以「民營郵局」名義辦理商業文書遞送業務，以低廉價格與郵局從事競爭。

二、公平會之分析

民間公司以「民營郵局」名義經營商業文書遞送業務，是否違反公平法第二十條第一款第二項之規定，應視「郵局」係普通名詞或專指特定標的之專有名稱，及「民營郵局」是否有使人與郵政總局之「郵局」混淆誤認而定。公平會之認定理由有以下幾點：

(一)郵局設立之法源依據及是否該當本條之服務表徵

查「郵局」之設置法源依據為「交通部郵政總局郵區管理局組織通則」。按交通部組織法第十三條規定：「交通部設郵政總局；其組織以法律定之。」交通部郵政總局組織法第十條規定：「本局為管理及經營郵政業務，得……將全國劃分為若干郵區；郵區管理局之組織，另以通則定之。」交通部郵政總局郵區管理局組織通則第八條規定：「區局得視地方區域及業務需要，分設特等、一等、二等、三等郵局及直屬支局。各等郵局得依業務之繁簡予以分級。其業務轄區範圍寬廣者，並得分設各級支局。」交通部復依上述法條規定，訂定「交通部郵政總局各區郵政管理局所屬各等級郵局設置標準」；另根據文化圖書公司印行之辭彙乙書，「郵局之『郵』字，指傳遞信件之機關，『郵局』指郵政局之略稱」，「郵局」一詞應專指郵政總局所設置之機關，而非一般之普通名詞，自屬第二十條第一項第二款所稱之「其它表示他人營業、服務之表徵」。

(二)不致與郵政總局之「郵局」混淆

公平會認為「郵局」一詞固專指郵政總局所設置之機關，惟一般民眾均知郵局為公營，「民營郵局」已明白表示其為民營，應不致使人與郵政總局之「郵局」產生混淆，故未違反第二十條第一項第二款規定。

(三)公平會認定其違反公平法第二十一條、第二十四條之理由 ——
引人錯誤之表示及攀附名聲(注五三)

公平會處分之理由為，上大商務公司以「民營郵局」名義從事商務
文書遞送業務，使用「郵局」等字，為引人錯誤之表示，違反公平法第
二十一條第三項準用第一項之規定。蓋「郵局」係指國營郵政機構之名
稱，長久以來，在一般公眾印象中郵局之主要營業項目即為信函之遞送;
今上大公司所從事之遞送業務範圍僅限於「受託辦理商業文書收受、整
理、分類及商品處理分類、配送」，而不得從事信函、明信片或其他具
有通信性質文件之遞送，故其使用「郵局」一詞為其從事遞送業務之招
牌名稱及廣告標題，有使民眾誤以為其所提供之服務內容包括信函遞送
之業務，因此違反公平法第二十一條禁止刊登引人錯誤廣告之規定。

關於不法引用他人事業名稱、商品、服務或營業表徵，而有攀附他
人商譽之情形者，屬公平法第二十四條所規定之足以影響交易秩序之顯
失公平行為。本案被檢舉人不以其公司名稱「上大商務有限公司」為其
營業宣傳及與區別來源之主要依據，卻與其加盟公司以「民營郵局」名
稱顯著標示於招牌、報紙廣告、宣傳單、員工制服及營業車身，並透
過上述各種使大眾得知之方式，將其提供之業務性質及效率比喻為相當
於「郵局」之服務，雖被檢舉人及其加盟公司偶有加註「上大」公司或
「民營」郵局之附記，而可辯稱無混淆之故意，然其所為係以攀附「郵
局」長久以來業已建立之名聲，作為推銷自身業務之媒介，達其增進自
身交易機會之目的，被檢舉人所為之攀附行為應屬足以影響交易秩序之
顯失公平之行為，違反公平法第二十四條之規定。

案例二：統一超商檢舉統二超商違反公平法第二十條案(注五四)

一、案例事實

注五三　關於公平法第二十條與第二十四條之適用關係，詳見第三章之論述。
注五四　詳見公平會第一百三十四、一百三十五次委員會議討論案。

檢舉人統一超商股份有限公司表示其於八十二年五月間發現利鄰有限公司於臺北市經營統二超商，其使用「統二超商」名稱侵害該公司之服務標章，內部牆壁及透明窗之三色裝潢亦仿冒該公司三色系列之服務標章，更因其使用「你親切方便的好鄰居」與統一超商使用「你方便的好鄰居」相類似，認為有違反公平法第二十條第一項第二款情形，而向公平會檢舉。被檢舉人則說明乃因該公司成立關係企業「統二實業有限公司」，而取其公司名稱「統二」特取部分使用，故應無違反公平法之事由。

二、公平會處理意見

公平會就此案件認為被檢舉人並未違反公平法第二十條及第二十四條。理由如次：

(一)惟公平會認為被檢舉人所使用之名稱「統二超商」，與檢舉人之「統一超商」分別顯然，消費者尚能以之區別二者之營業主體不同，不致對被檢舉人之營業或服務之設施或活動與檢舉人產生混淆。且就公司設立登記，被檢舉人所擁有之關係企業「統二實業有限公司」與檢舉人「統一超商股份有限公司」所營事業有相同之項目，屬同類業務之公司，而「統二」與「統一」名稱不類似，依公司法得分別設立登記，因此認定被檢舉人之行為尚無違反公平法第二十條第一項第二款之規定。

(二)就第二十四條部分，公平會亦認為尚無違反之處。理由為被檢舉人與檢舉人所使用之名稱分別顯然，再者一般連鎖便利商店多使用各種鮮明顏色裝潢其店內外，表明其係現代式之超商，在此背景下，本案檢舉人於其經營之「統一超商」使用「紅、綠、橘」(由下而上)三色裝潢，與被檢舉人係使用紅、綠、淺橘(黃)、藍四色裝潢(由上至下)，其顏色之排列、尺寸比例等有別，僅部分顏色之類似，尚不足產生攀附檢舉人聲譽之情事。又檢舉人所使用之「您方便的好鄰居」標語係一不具區分意義之陳述，應不得視為其營業、服務之表徵。且被檢舉人公司

名稱「利鄰有限公司」有「便利的鄰居」之意，其使用「您親切方便的好鄰居」標語，應有表彰自己公司名稱之意義，亦難謂足以攀附檢舉人聲譽。綜上論結，被檢舉人之行為尚未構成「足以影響交易秩序之顯失公平之行為」，自無違反首揭法條規定。

第三項　本文評析

公平法第二十條第一項第二款規定禁止之行為，乃「以相關大眾所共知之標章或其他表示他人營業、服務之表徵，為相同或類似之使用，致與他人營業或服務之設施或活動混淆者。」蓋事業提供營業或服務，不能如同商品一般，在商品本身外觀上為包裝或標示表示商品主體之來源，因此只能以其他營業服務之標章或表徵作為顯示服務提供之來源的表示。在商標法上關於服務標章之規範，亦準用商標專用權等相關規定。公平法上第二十條將顯示商品及服務營業之表徵之保護分別在第一、二款規定，其立法意旨及規範目的是相同的。因此在適用第二款關於使用標章等其他表示營業服務之表徵時，也應與第一款相同，以避免「致與他人營業或服務之設施或活動混淆」之情形，作為本款執行之規範目的。

在上述案例中，關於「民營郵局」之名稱使用問題，公平會認定其不違反第二十條之理由在於其在「郵局」之前加註「民營」兩字，應不致使人與郵政總局之官方「郵局」產生混淆，蓋第二十條之規範目的在於防止商品服務來源主體之混淆，此處不致生混淆之情事，故無第二十條之適用餘地。然而其使用郵局名稱，卻使人對其所提供之服務內容產生誤認，因此違反第二十一條之規定。而其所為係以攀附「郵局」長久以來業已建立之名聲，作為推銷自身業務之媒介，達其增進自身交易機會之目的，構成足以影響市場交易秩序之顯失公平行為，故認為違反公平法第二十四條之規定。此種因攀附他人商譽之行為，涉及第二十條與

第二十四條之適用關係，本書在第三章將有詳細之論述。

至於統二超商案，是一典型服務標章、營業場所整體設計及裝潢作爲營業服務表徵之案例。公平會認定其不違反第二十條及第二十四條之理由爲二者名稱不同，消費者不致誤認，且其裝潢設計仍有差異，其使用之標語「你親切方便的好鄰居」與檢舉人之統一超商使用之「你方便的好鄰居」，皆係不具區分意義之陳述，應不得視爲其營業、服務之表徵，故其並無爲足以影響交易秩序之行爲。

然而本案中，單純就使用「統二超商」之行爲，雖有依公司法名稱登記作爲法律依據，然而若有其他攀附名聲、積極使用或抄襲他人營業表徵之行爲，則仍有使人產生主體混淆之可能。公平法第二十條之立法目的，即在於避免商品服務之主體來源之混淆誤認。並非僅有對於兩者主體之誤認，在企業多角化之趨勢下，若使人產生事業間具有關係企業，或法律上、經濟上具有關聯之關係，亦有使人產生誤認之情形。本案統一超商在市場上廣告促銷程度、推出市場之時間、銷售情況、營業規模、市場占有率、公益活動之參與及媒體對其頻頻獲獎報導所造成相關大衆之印象等，實足認「統一超商」名稱，以及「紅、綠、橘」三色裝潢及「你方便的好鄰居」標語整體應已構成「相關大衆所共知之表徵」。而與被檢舉人相較之下，有四點可視爲兩者有類似使人誤認之處：1.名稱類似(注五五)；2.標語類似；3.裝潢顏色排列及擺設之總體觀察類似；4.統一超商之名聲及加盟經營方式，使人易認爲統二超商與統一超商具有某種法律上或經濟上之關聯。再加上被檢舉人不使用其公司名稱「利鄰公司」之特取部分，反而使用其關係企業「統二實業公司」之特

注五五　類似之情形在「新腦筋急轉彎」一案中亦可討論之。被檢舉人使用「新腦筋急轉彎」之名稱作爲相同之漫畫書本編輯形式，就其與「腦筋急轉彎」二者名稱是否相類似，公平會採取肯定之見解。詳見本章第七節第二項之分析，公平會82公處字第007號處分書。

取名稱部分，其行為實有刻意模仿之處，就第二十條之適用，應以整體
經營規模方式作為判斷之依據。因此本案實可視為已違反第二十條第一
項第二款之規定。

第七節　相關大眾所共知

第一項　「相關大眾所共知」所具備之要件

商品或服務表徵能夠表彰特定商品來源主體，須能夠被相當的消費
交易相對人所認識熟知，幾乎為各國關於商品服務表徵保護之要件。我
國公平法第二十條構成要件之「相關大眾所共知」應如何解釋，涉及到
第二十條之適用範圍的問題。在公平會實際處理過及法院受理公平法第
二十條的案件中，絕大多數皆因為涉案之表徵未能符合此要件，而未適
用公平法第二十條。故本要件之解釋及適用需從立法意旨及實際適用之
角度分析，方能真正掌握公平法第二十條之適用範圍及規範目的。

各國對於著名商品服務之表徵的保護，主要集中於「著名商標」的
保護，但是用語並不相同，例如「重大聲望之商標」、「聲名遠播之商
標」、「夙有盛譽之商標」等(注五六)。在德國法為須有相當「交易名聲」
(Verkehrsbekanntheit) (注五七)，交易名聲，則係指該表徵在市場上
經過相當長的期間、達到相當程度之聲譽，其應占有相關市場上相當重
要的部分；英國法則為具有「相當的聲譽」(Reputation) (注五八)，即

注五六　參看曾陳明汝，世所共知（著名）標章之保護，氏著，專利商標法選
　　　　論，頁二○三，七十九年九月；王伊忱，真正商品並行輸入之商標權
　　　　侵害問題，臺大法研所碩士論文，頁一四六，七十七年五月。

注五七　參考 Baumbach/Hefermehl, *Wettbewerbsrecgt*, 17, Auf, 1993,
　　　　S. 790～795.

注五八　參看David Young, Qc, *Passing Off*, 1989, p. 15.

系爭表徵已在英國地區使用，而使相關的大眾了解此一表徵在表彰特定的商品或服務，但並不必使消費大眾確知生產者為何人，只需使顧客知悉該商品或服務來自特定主體或與其有關聯。日本法則要求商品或服務需具「周知性」（不正競爭防止法第一條第一項第一、二款）。實際上要求受保護之表徵需為相關大眾所共知，其目的在保護具有實際識別力及市場經濟力，以及本質上有個別排他的經濟利益的商標或服務表徵，至於其他不具有此要件的表徵，除受到其他如著作權法、商標法等特別法之保護外，應屬公共財之範圍。

在探討公平法第二十條「相關大眾所共知」此一要件時，有幾個問題可作為思考之方向。第一，為相關大眾所共知的，是商品或服務之本身或商品或服務之表徵？第二，公平法第二十條第一款第二款所謂「相關大眾所共知」，與同條文第三款外國「著名」商標、及我國商標法上「著名」商標之定義是否相同？若不相同，其區別實益何在？第三，「相關大眾」之定義為何？係指一般消費者或會因特定商品服務之性質而有不同？第四，我國公平會與司法機關對於此一要件之認定方式為何？見解是否相同？何種商品服務可稱為相關大眾所共知？

從學說理論及外國法之適用上，可以得知的是一般處理的原則及認定方向。例如系爭表徵在市場上廣告促銷的程度、推出市場的時間、該商品或服務在市場上銷售之狀況、營業之規模、銷售據點之多寡、問卷調查、消費習慣之判定……等。但仍不免是抽象的原則宣示，頂多在個別案例中可以尋出一些判斷標準，但是各國不同的社會經濟背景的更迭、交易習慣的轉變，都會影響到各國在判斷不正競爭法中關於商品表徵的保護要件之程度。

由於公平法中關於防止不正競爭之規範範疇及效力，僅及於本國法域之內，因此在判斷市場範圍、市場地位、競爭區域、競爭者等概念時，應參酌本國經濟現狀的事實。在經濟現狀不斷改變的背景下，公平

法既不能以有限的條文一一具體規範所有的限制競爭及不正競爭行為，故以不確定法律概念為構成要件，較能涵蓋變化多樣的經濟活動事實。若就現行條文造成執法上之困擾或文義不明之處，亦可以施行細則、行政解釋或經由個案之累積適用得到的原則加以釋明澄清。公平法為我國之「經濟憲章」，且蘊含高度抽象性條文，在我國施行雖然不過三年多，公平會以及司法機關在適用公平法案例的過程中，漸漸已累積某些適用原則。本書較有興趣的是以我國適用公平法第二十條之實務案例作為研究分析之對象，因為藉由實務案例之分析，可以檢討抽象條文之施行情形妥當與否，並且避免過度個別性適用法律造成人民無所適從之弊。司法機關的見解更是直接最終的規範到人民的權益，而公平法第二十條更有刑事罰之適用問題，因此，釐清本條條文之立法真義以及適用範圍，不僅是單純法律理論適用之問題，更希望藉由實務案例之分析，使人民及司法者有所遵循或參酌之依據，避免因適用錯誤而影響人民權益，或可作為日後修法之參考。

以下本書以案例作為分析之對象，首先分析公平會據以認定某表徵為相關大眾所共知之方法，並且舉出「為相關大眾所共知」及「未達相關大眾所共知」之表徵的案例；而檢察官及法院對於「相關大眾所共知」此一要件之認定，有函送公平會鑑定及自行認定兩種處理方式。究竟公平會（行政機關）與院檢雙方（司法機關）兩者對於此條文之認定適用原則是否相同？因此本書特別以實務案例為檢討對象，歸納出二機關判斷適用之標準，探究其是否存有差異，以及影響到公平法之適用範圍之問題。

第二項　公平交易委員會據以認定該表徵為相關　　　　大眾所共知之方法

第一款　案例分析

第一目: 爲相關大眾所共知之表徵

案例一: 板橋地院函請公平會鑑定系爭「雙C」（香奈兒）商標是否係公平法第二十條第一項第一款所規定之「相關大眾所共知之商標」案(注五九)

一、案例事實

被告連續以使用類似該「雙C」（香奈兒）商標形狀之腰扣縫在其生產之女裙上，而爲販賣，板橋地院函請鑑定系爭商標是否爲相關大眾所共知。

二、公平會之見解及處理意見

本件系爭「雙C」商標是否爲相關大眾所共知，公平會具以認定之理由及認定之方式有:

(一)相關大眾之範圍: 中標局提供註冊資料顯示，系爭商標在衣服、皮革、鞋靴、貴金屬及鈕扣、拉鍊、暗扣及其他應屬本類之一切商品等均有註冊。本案鑑定產品爲裙子上之環扣，故其「相關大眾」，一爲服飾之製造業者，一爲一般女性消費者。

(二)問卷調查: 公平會分別針對二類型之相關大眾進行問卷調查，受訪之五家服飾製造業者中有四家知道系爭商標，二十五位女性消費者中，亦有五六％之女性消費者對系爭商標有所認知，並且認爲系爭商標爲一歷史悠久、走高價位之著名商標。公平會認爲就問卷調查結果可見系爭商標頗具知名度，似可構成「相關大眾所共知」之商標。

(三)召開座談公聽會: 公平會邀集經濟部中央標準局、經濟部查禁仿冒小組及服飾製造業之相關業者舉辦座談會。會中對於該商標是否爲相關大眾所共知，以及該環扣之功能作討論。

(四)參酌商標主管機關之認定: 該商標經商標主管機關於商標異議

注五九　詳見公平會第八十六次委員會議討論案五，以及板橋地院81易字第44號判決書。

事件中認定其已為一般消費者所熟知，而制止他事業以類似之圖形申請商標登記。如行政院臺七十九訴字第二九五一一號決定書，其理由為：「……再訴願人之商標圖樣為二個背向連接之雙 C 飾以二花絮所構成之圖形，與異議之倩妮公司之雙C商標圖樣，對照比較，故可見其差異，為異時異地隔離觀察，不無使人混同誤認之虞；而關係人等據以異議之商標使用於衣服等商品，以在我國註冊取得多件商標專用權，其商標並經廣告行銷，難謂未具知名度，業經原處分及原決定論明。」經濟部訴願決定書經（七九）訴六〇五一一三號：「……本件系爭審定第四二五二四三號迪昌及圖商標圖樣上之圖形係由二個相背對並相交疊之半環圖形所組成，其意匠、外觀均與關係人據以異議之註冊第九七三九〇、九七九五七、九七六一八、九七五二六號倩妮股份有限公司標章等商標之雙C圖形相仿，異時異地隔離觀察，難謂無致混同誤認之虞，業經本部經（七八）訴六一三一一三號訴願決定書認定在案。而該雙C圖形係關係人首創使用於香水、脂粉、各種服飾、皮件、珠寶、眼鏡等商品之商標，除在我國取得註冊第五三一五〇、五四二一〇、四八六五九……等多件商標專用權外，其商品亦行銷世界各地，已為一般消費者所熟知，凡此有關係人檢送之註冊商標一覽表及雜誌廣告等影本附卷可稽，是訴願人以近似之圖形作為商標圖樣，指定使用於被褥、床單、枕、蓆等商品，易使一般消費者對其商品來源或產製主體發生混淆誤認而予以購買之虞，自有首揭法條（商標法第三十七條）之適用。」

就其裙子上之環扣是否屬於商品表徵之使用，公平會認定之方式為：

（一）製作問卷調查：業者方面，多數認為裙子上之雙C環不僅表示裙子之裝飾，同時也表示品牌。一般消費者方面，二十五位受訪者中，有十五位認為其作用僅為裙子之裝飾，不表示品牌，九位則認為同時具有裝飾及品牌昭示功能，僅一位認為只有表示品牌之作用。

(二)公平會召開公聽會之結果：有認其僅為裙子之裝飾而非商標，有認為同時為裝飾亦為商標。公平會之結論認為「環扣之使用是否為商標之使用，應以使用者之主觀意思及消費者之認識為斷，本會之意見並不能代表使用者之意思及消費者之認識。」故將上述座談會記錄及問卷調查結果函送板橋地檢署參考。

三、法院之見解與判斷（板橋地院八十二易字第四四號）

就商標是否為相關大眾所共知部分

法院採與公平會之相同見解，其理由以公平會之移送鑑定函（八十二公參字第五一七九〇號函）之內容認該商標已為相關大眾所共知。

就該環扣是否具有商標之功能部分

(一)法院認該環扣具有商標之特性。因被告將該環扣置於裙子上，除功能性作用外，顯具有一定之識別功能，且商標本具有廣告之功能，製造者在商品上標示商標之際，不無希望藉著商標之標示達到美觀促進消費者的購買慾，故本件環扣雖有裝飾及美觀的作用，惟裝飾及商標的功能二者並非互相排斥，故法院認該環扣仍具有商標之特性。被告連續以仿冒上開商標足以與上開商品混淆之腰扣縫在其生產之女裙上，而為類似之使用，難謂不致與他人商品混淆。被告從事服飾業多年，辯稱不知前開商標係他人已註冊之商標云云，顯係卸責之詞，委無可採。

(二)惟前開商標圖樣其商標專用權係屬倩妮公司向經濟部中央標準局申請註冊之商標，經核准使用於商標法施行細則第二十七條第四十九項之鈕扣、拉鍊、扣條、暗扣及其他應屬本類之商品，本件被告使用之商品係裙子並非屬同一或同類之商品，應無違反商標法情事。法院依公平法第二十條、第三十五條處被告叁個月有期徒刑。

案例二：力霸商標案(注六〇)

注六〇　參見公平會第八十六次委員會討論案三，宜蘭地院函請查明力霸商標在「鋁擠型」業是否為相關大眾所共知之商標案。

公平會認定該力霸商標為「相關大眾所共知」之理由有:

(一)推出市場之時間及銷售狀況:「力霸」商標於四十八年由中國力霸鋼架公司註冊登記, 嗣五十九年更名為中國力霸公司繼續使用, 雖所使用之商標略有不同, 然就商標之「力霸」、「REBAR」文字及三角形圖等主要部分觀察並無差異。

(二)多角化企業經營之知名度: 雖中國力霸公司在市場上廣告促銷金額排名尚非領先, 惟其相關企業之資產、營業額、資本額、多角化經營程度及各分業市場地位皆已達大型企業集團規模; 所涉及產業包括水泥混凝土、金屬製造、紡織、營建、不動產交易、百貨、餐飲、觀光飯店、麵粉、植物油及飼料、畜牧、金融、產物保險及投資等, 所經營各分業排名亦屬知名。

(三)市場上廣告促銷程度:「中華民國廣告年鑑」統計七十九年中國力霸廣告金額二千九百七十七萬元。

(四)營業規模及市場占有率: 八十年全國鋁門窗市場總銷售值為六十九點四五億元, 中國力霸公司銷售額為十點二四億元, 市場占有率為一四‧七四%。復證諸各營業事項如水泥、金屬製造、紡織、營建、不動產交易、百貨、餐飲、觀光飯店等, 其所構成廣告宣傳效果, 縱難以具體量化, 然仍可認定「力霸」商標之知名度。

(五)相關大眾之熟悉程度: 鋁門窗之「相關大眾」, 如建築營造業, 已將「力霸」乙詞視為鋁門窗建材等級之說明, 以吸引消費者購買所販售之預售屋。

綜觀本案「力霸」商標在市場上廣告促銷程度、推出市場之時間及銷售情況、營業規模等, 公平會認為該商標已為「相關大眾所共知」。

案例三: 德泰彈簧床案(注六一)

注六一　詳見公平會第七十三次委員會議討論案十一, 以及臺南地院81自字第253號判決書, 公平交易法司法案例彙編, 頁二一五。

公平會認定該「德泰」商標爲「相關大眾所共知」之理由有:

(一)德泰彈簧床商品,在臺灣市場已爲相關大眾所共知。公平會認定之理由爲: 依雙方檢送至公平會之資料,雙方陸續刊登之報紙及電話簿廣告,並參酌德泰彈簧床行與德泰彈簧床股份有限公司先後自五十一年、五十二年起銷售同爲「德泰」名稱之彈簧床商品,至今長達三十年之歷史來看。德泰彈簧床商品,在臺灣市場已爲相關大眾所共知。

(二)當事人雙方之事業自始同源於德泰彈簧工廠,在交易上若有致使相關大眾消費者對於「德泰彈簧床」商品產生混淆誤認,其眞正原因係本案當事人相互爭奪繼承歷史悠久、夙負盛名之「德泰」商標及公司、行號名稱所造成之必然結果,並非被告從事足以影響交易秩序之欺罔或顯失公平之行爲所致,故未違反公平法第二十四條。

案例四: 新腦筋急轉彎案(注六二)

公平會認定該書籍之外觀表徵爲「相關大眾所共知」之理由有:

(一)時報文化出版企業有限公司出版之「腦筋急轉彎」出版至第十二集,總銷售量超過一百二十萬本,已爲出版同業及消費者所共知; 亦卽檢舉人之「腦筋急轉彎」,已達「相關大眾所共知」之程度。

(二)大然出版社出版「新腦筋急轉彎」,採用與「腦筋急轉彎」相同之編輯方式、排版次序、開本大小及外觀,惟其主張該「腦筋急轉彎」已達公平法第二十條第二項第一款「商品本身習慣上所通用之名詞」。惟公平會認爲「腦筋急轉彎」此一名詞雖亦有其他類似使用情形,然尚非已達同法第二十條第二項第一款所謂「商品本身習慣上所通用之名稱」之程度,此可從同類幽默式漫畫問答集中使用「腦筋急轉彎」以外之名稱可得知,例如「七十二變」、「毒舌派」等是。亦卽「腦筋急轉彎」尚非成爲該類書籍之通用名稱,僅爲該類書籍中某一出版社所用之

注六二　參照公平會處分書82公處字第 007 號,刊載於該會公報第一卷第六期,頁一。

書籍名稱。因此，大然出版社出版「新腦筋急轉彎」，自難認為有公平法第二十條第二項第一款所定之不適用情形。

案例五: 美商 Shapton International Corporation 檢舉他事業侵害其商標權案(注六三)

該檢舉人申訴該公司之高爾夫球具為被檢舉人所仿冒，公平會認定其不該當「相關大眾所共知」之商標或「外國著名商標」之理由及調查方法為:

(一)美商公司所提之理由,以該商標為在美國取得註冊之著名商標，每年參與世界級Pga's Show,故其已具著名商標之性質。然而該Show乃一般銷售之展覽，並未限定參展資格，依該 Show 之性質，並不能表示該廠商之排名較前、知名度較高或產品銷售額較多。

(二)公平會之承辦人員以消費者身分電詢、親訪五家國內較具規模之高爾夫球具經銷店表示欲購買美商 SHAPTON 公司及博蒂公司之產品，結果無一經銷商表示曾聽過該二公司或銷售該產品。

本案於尋訪五家較具規模之高爾夫球用具之批發商、經銷商後，得知該經銷商皆不知道系爭公司及其銷售之產品品牌，再加上檢舉人公司未檢送其他證據證明 SHAPTON 商標之知名度，故公平會認其非屬「相關大眾所共知」，應可理解。

案例六: 荷蘭商佳得國際公司之「CARTIER、MUST de Cartier」、英商奧佛雷旦喜公司之「DUNHILL」商標(注六四)

本案中公平會之判斷標準有以下數個: 1.公司成立時間之長短; 2.銷售地區跨越國際; 3.銷售金額; 4.在我國商標登記之時間; 5.商標主管機關之見解等，認為該商標已為相關大眾所共知。

荷蘭商佳得國際公司創立於一八四七年，其生產之皮件、珠寶、鐘

注六三 詳見公平會第六十八次委員會議討論案二。
注六四 詳見公平會第一百二十三次委員會議討論案八。

錶、餐飲用具及香煙等商品暢銷世界各國已逾一百四十年，堪稱歷史悠久。其於前述產品上使用之 CARTIER、及 MUST de Cartier 等商標圖樣自一九四四年起即於美、英、日、瑞士等國家核准註册取得商標專用權，是該等商標之使用近五十年，可稱爲國際性商標。八十年、八十一年商品在我國之銷售額分別爲八千五百餘萬、一億五千二百餘萬元。又該等商標在我國指定使用於皮件類商品取得商標專用權始於六十四年，指定使用於領帶商品則始自六十三年，二者之註册期間均逾十餘年。而經濟部中央標準局並曾引證該等商標爲「一般消費者所知悉」。應可謂佳得公司使用「CARTIER」、「MUST de Cartier」商標於皮件商品、領帶商品已爲相關大眾所共知。

英商奧佛雷旦喜股份有限公司自一八九三年起營業至今已近百年，產品包括汽車用品、衣物、織品、煙具、皮件、手錶、文具等，銷售網遍及歐、美、亞洲及中東地區。旦喜公司於上述產品上使用之「DUN-HILL」、「dunhill」等商標自一九三四年起於世界各國核准註册之商標專用權計有三千二百餘件。一九九二年之世界營業額約新臺幣一百零一億八千二百四十八萬元。旦喜公司以「DUNHILL」商標在我國指定使用於皮件類商品及領帶商品均早於六十八年即取得商標專用權，顯然該等產品在我國行銷已逾十餘年，一般消費大眾對其產品亦有相當認識。綜合所論，公平會認定其於皮件商品及領帶商品所使用之「DUNHILL」、「dunhill」等商標應屬相關大眾所共知。

第二目：未能達到相關大眾所共知之表徵

案例一： TRADIX 牙刷及 SOL-FA 牙刷案(注六五)

本案雖據檢舉人永卓公司稱「SOL-FA」商標早於七十九年一月三十一日前即已使用，然「SOL-FA」商標迄八十二年六月二十八日始獲

注六五　詳見公平會第一百零六次委員會議討論案九。

經濟部中央標準局之核准商標審定，是其商標使用期間究未長久，復參據永卓公司八十、八十一年市場占有率均未超過〇‧二％。在告訴人未能提供其他事證足認系爭商品之表徵已爲相關大眾所共知前，本案無論就商品推出市場時間、廣告促銷程度、銷售狀況、營業規模、市場占有率及消費大眾之印象等各項因素綜合判斷，均尚難認定「SOL-FA」商標、「SOL-FA」圖樣或商品容器、包裝、外觀等已爲相關大眾所共知。

　　案例二：　貞觀公司檢舉他事業使用「貞觀」名詞違反公平法案(注六六)

　　公平會認爲就「貞觀」一詞作爲商品之名稱是否爲「相關大眾所共知」之理由爲：「貞觀」爲一歷史上有名之名詞，一般人均會聯想到「貞觀之治」，任何事業引用此一名詞以表彰某產品或營業服務主體時，並不能藉此推論該商品或服務必爲相關大眾所共知。蓋公平法第二十條之要件「相關大眾所共知」，並非單純指該表徵而言，而係該表徵使用在商品或服務時，是否爲大多數相關交易者皆能聯想到該商品或服務之主體來源，而屬於眾所周知之表徵。本案檢舉人並未提供相關資料證明，其使用「貞觀」名稱已足以使人聯想到該公司，故並不能認其已爲相關大眾所共知。

　　案例三：　MOTUL 機油產品外觀使用「狂油」、「油王」標貼案(注六七)

　　公平會認定本案使用在商品外觀之標示未達相關大眾所共知之理由爲：被檢舉人雖進口與檢舉人相同之產品，並於產品外觀相同位置爲產品標貼。然單純「標貼」之位置並不足以作爲商品識別之表徵，且就檢舉人標貼之內容觀之，亦僅係對於產品之性質、適用對象及使用方法、售價等之文字說明，而非可作爲一般人選購該類產品時，一見卽知該產

注六六　詳見公平會第九十八次委員會議討論案一。
注六七　詳見公平會第八十次委員會議討論案三。

品係由檢舉人所產製之表徵。縱使檢舉人之標貼的標題爲「魔特油王」、「魔特狂油」，而被檢舉人之標貼的標題爲「油王」、「狂油」，然在此檢舉人僅有「MOTUL」之中文譯音「魔特」之商標權，對於「狂油」「油王」等用語，檢舉人並未擁有其商標權。次查檢舉人所提供其產品於相關雜誌之廣告資料，均集中於八十年、八十一年間，及全省各地之經銷商名單，和七十六年至八十一年每年進口銷售量均成倍數成長，以及廣泛參加各種競賽展覽等相關證據資料以觀，尚難認定「狂油」、「油王」之標示，確實已足爲相關消費大衆辯識係檢舉人公司所代理之產品，而達相關大衆所共知之程度。是故被檢舉人於系爭產品之相同位置所爲之標貼，就其「狂油」、「油王」之標題及內容說明之文字觀之，**實難認其有違公平法第二十條第一項第一款規定之處。**

案例四: 英商指控高選公司侵害其專利著作權(注六八)

檢舉人英商未檢送任何證明該產品外觀在中華民國境內爲相關大衆所共知之表徵之證據，亦未表示其主張之專利權、著作權究何指。公平會調查認定之事實爲: 1.國內製罐、五金、汽車修護、噴漆等業者，未有銷售檢舉人所生產可重複填充使用之噴霧罐產品，亦未銷售被檢舉人公司之產品（蓋皆爲外銷）。 2.二產品名稱不同、噴頭設計不同、罐體之顏色、圖樣不同、整體以觀，不致使消費者對產品之來源產生混淆。在未提供證據證明其已爲相關大衆所共知之情形下，公平會因而認爲其產品表徵不該當「相關大衆所共知」之要件。

第二款　本文評析

由上述分析可知，公平會對所受理之仿冒案例，判斷其是否有公平法第二十條之適用，除了先判斷其是否屬於該條所規範的客體「商品或

注六八　詳見公平會第七十三次委員會議討論案二，英商 J.T. Elson 指控高選股份有限公司侵害其專利及著作權案（經濟部禁仿小組移送本會之案件）。

服務之表徵」之外，最重要的就是該表徵是否為「相關大眾所共知」。事業就其營業所提供之商品，不得以相關大眾所共知之他人外觀或其他顯示他人商品之表徵，為相同或類似之使用，致與他人商品混淆者，為公平法第二十條第一項第一款所明定。按該條款所稱之「外觀」或「商品之表徵」，係指事業用以區別彼我商品之特徵，亦即一般人見該表徵，即知該產品係某事業所產製。因為該條所保護之客體雖不以商標為限，尚擴及商品之容器、包裝、外觀、姓名、商號、公司名稱、服務營業標章等，但又必須以具有相當經濟實力者為限。因為必須考量到其他保護規範之目的，如商標法、專利法、甚至民法等。公平法第二十條既無替代該等規範之目的，又不能任意擴張其規範範圍，以免破壞該等法規個別的規範意旨，例如專利權保護期限過後即歸屬公共財、商標專用權適用之商品類別範疇等問題即是。所以在適用第二十條時，公平會採取較審慎的態度。當然在判斷是否該當「相關大眾所共知」之要件時，因為其不確定法律概念之性質，難免在法條上無法取得法定之判斷依據，然而參考外國立法例，以及審酌我國之經濟背景，公平會在個案處理中亦建立某些判斷標準及案例。依本書研析結果，依略可歸納出公平會之判斷方式，有以下數個因素綜合判斷：

　　(一)事業成立時間之長短；

　　(二)營業規模；

　　(三)商品或服務推出市場時間；

　　(四)商品或服務之市場銷售狀況；

　　(五)商品或服務之市場占有率；

　　(六)商品或服務之銷售地區；

　　(七)商品或服務之銷售金額；

　　(八)市場上廣告促銷程度；

　　(九)在我國商標、專利、著作權主管機關登記之時間；

(十)商標、專利、著作權主管機關之見解；

(十一)製作問卷調查之結果；

(十二)進行市場調查之結果；

(十三)特定消費群眾之印象及熟知程度。

至於個別要件須達到何等程度或數量才能構成「相關大眾所共知」，又因個別案例所屬之商品或服務類別而有所不同。例如在個案中分析「相關大眾」之要件時，究竟其範圍應以該商品之經銷商為限、亦或應包括經銷商與消費者？亦即，相關大眾所共知之認定，在時間、地點之外，究竟誰為「相關之交易者」，應如何認定？本書認為，在交易之流程之上下游界線「製造商－經銷商－大盤－中盤－小盤－最終消費者」中，應劃定界線，宜加入「競爭之關係」的概念，參酌提供該商品或服務之事業所處之地位而定。對經銷商而言，其應比消費者更有熟知相關產品之品牌、名稱等機會。而消費者之選擇機會較多，但同時對於產品之熟悉程度亦不若經銷商。因為整個交易流程之人數組成彷彿一金字塔，最終消費者是最多數的，經銷商、製造商的數目當然較少，在某一層級的人數中做問卷調查或者市場調查，隨機抽樣調查之正確性亦須注意人數比例之問題。

至於被公平會認定不符合相關大眾所共知之案例，其原因大多為未提供證據，或者僅提供刊登廣告之媒體記錄，而未有其他足以證明其表徵已達知名之證據；亦有因其上市時間太短，銷售數量不足以證明其享有相當知名度。更有外國商標欲以公平法第二十條第一款主張保護，但卻無法證明使用該表徵之商品在我國已達相關大眾所共知之程度，甚至該產品在我國銷售數額不大等等。實際上關於外國著名商標之保護，在第二十條第一項第三款有規定，但仍須符合「著名」之要件(注六九)。故

注六九　「相關大眾所共知」與「著名」之意義是否相同，仍有爭議，此點將在本節第三項討論之。

未經註冊之外國商標若欲尋求本條之保護，仍須符合本條之要件。尤其八十二年十二月二十二日商標法修正通過後，原本關於未經我國註冊之外國著名商標之保護（商標法第六十二條之一）已刪除，其理由卽爲公平法第二十條第一項第三款已有規定。此處涉及到公平法第二十條第一項第三款「著名」之解釋，以及立法妥適與否等問題(注七〇)，本書將在本節第三項中論及。

　　公平會本身雖亦未能將相關案例建立或歸納出一定之標準或原則(注七一)，但是本書藉由案例之分析，多少能指出適用之方向及判斷標準。而因爲本條涉及刑事罰，更值得討論的是法院對於公平法第二十條，尤其是本要件「相關大眾所共知」之適用，其態度爲何？法院處理公平法之案件，是否有函送公平會鑑定之習慣，亦涉及到行政機關之見解能否拘束法院之問題。尤其在公平法修正草案中，所謂「先行政後司法」原則，卽認爲公平法之中央主管行政機關公平會對於違反公平法之案件，應先依公平法予以行政處分，嗣受處分人仍不改正時，方移送司法機關依刑事程序處理。而原本具有濃厚專業經濟特性的公平法，法院是否適宜自行判斷其適用規定，亦有疑問(注七二)。公平法施行三年多以來，以司法機關處理有關公平法第二十條的案例可知，院檢雙方並不全然十分熟知公平會處理案件之程序及態度，導致公平法第二十條之適用

注七〇　有認爲本條違反商標註冊主義及屬地主義，且公平法第一款第二款已足以規範此種仿冒外國著名商標之行爲，故本條應刪除之。參見李桂英，從商標法及公平交易法論著名商標之保護，中興大學法律研究所碩士論文，頁一〇三，八十二年一月。

注七一　附記：本書完成後，公平會已將受理過之公平法第二十條案例，參考委員會決議，研定「行政院公平交易委員會處理公平交易法第二十條案件原則」，以爲處理相關案件之依據及參考，本書將其附錄於後。該原則之內容詳盡，值得實務及學說上作爲參考。

注七二　關於「先行政後司法」原則及公平會實際上與檢察機關、法院之處理程序，本書在第六章將有詳細的論述。

產生相當不一致的情況（注七三）。以下僅就檢察官及法院（簡稱司法機關）受理關於公平法第二十條之案件分析其判斷標準問題。

第三項　司法機關之見解──函送公平交易委員會鑑定或自行認定

檢察官或法院在受理有關公平法第二十條之案件時，有函送公平會鑑定者，亦有直接認定是否該當公平法第二十條之構成要件者。自八十一年二月四日公平法施行至於八十三年四月，有關公平法二十條之案件經檢察機關函送公平會鑑定者共計十四件，經法院函送鑑定者共計十六件（注七四）。而實際上公平法施行迄今，檢察官之起訴、不起訴處分書及法院判決涉及公平法第二十條者為數不少，亦卽院檢雙方在引用公平法第二十條時，並無當然經過函送公平會鑑定之程序。究其原因，可能為公平法乃新法，司法實務者不見得十分熟悉，再者公平法中並未有類似商標法第六十條之規定，卽「在商標評定程序進行中，凡有提出關於商標專用權之民事或刑事訴訟程序者，應於評定商標專用權程序之評決確定前，停止其訴訟程序之進行。」明白規定司法程序須經行政程序告一段落之後才能據以進行，因此院檢雙方並不當然將涉及公平法之案件函送公平會鑑定。再者，院檢雙方處理第二十條之案件類型多為仿冒商標、販賣仿冒品之行為，以往皆用商標法之刑事制裁規定卽可，公平法第二十條之刑事制裁最重僅三年，與舊商標法第六十二條最重五年徒刑之制裁相比，法院往往未認清兩者構成要件之異同處，而一概認為是單

注七三　尤其是販賣仿冒商品之行為，往往檢方或院方直接認為其觸犯（舊）商標法第六十二條之一及公平法第二十條，而以想像競合或法規競合之原則判決，未能了解商標法與公平法關於仿冒之規定之個別立法意旨及構成要件之異同。此問題本文將在第四章討論之。

注七四　詳見公平會八十三年四、五月巡迴各法院座談資料，公平會第三處統計資料。

純的刑事法規競合規定、或特別法優於普通法之原則而適用商標法之規定，故以爲其並不涉及公平法之問題，而未函送公平會。本文將司法機關適用公平法之案例，分爲有函送公平會鑑定及未函送鑑定者，分析其對公平法第二十條要件之認定，是否有不同之處。本節中僅討論「相關大眾所共知」之要件，至於商標法與公平法之構成要件之比較及兩者法規競合之適用原則，本書將於第四章論述之。以下便先就司法機關處理之案例分析之。

第一款　案例分析

第一目：爲相關大眾所共知之表徵

函送公平會鑑定、司法機關進而採納者：

案例一：腦筋急轉彎案

一、案例事實

被告明知時報文化出版企業有限公司自七十八年出版「腦筋急轉彎」一書以來，迄今已出版十七集，總共銷售數量達數百萬本，「腦筋急轉彎」五字已深入消費者腦海中。被告竟自八十年開始，模仿時報文化公司所出版「腦筋急轉彎」開本及內容、編輯方式，另外編輯「新腦筋急轉彎」系列而由大然出版社出版，並行銷市面，使一般讀者發生混淆，足致「腦筋急轉彎」叢書在銷售上發生損害。案經時報文化公司提出告訴及檢察官偵辦。

二、檢察官函送公平會審理後，據以起訴

本案經檢察官將「腦筋急轉彎」及「新腦筋急轉彎」二書送請行政院公平會審議之結果，亦認爲被告大然出版社出版之「新腦筋急轉彎」涉嫌仿冒他人商品表徵有違公平法之規定，經公平會依第四十一條以八十一公處字第〇〇七號處分書處分，再以八十一年七月十七日（八一）公叁字第一八二七號函送法院。檢察官依此據以起訴。

三、法院判決

法院亦採相同之見解依公平法第二十條第三十五條判決。其理由為：

（一）該書籍之開本內容編排方式已為相關大眾所共知，被告之行為致使人產生混淆。時報文化公司乃於七十八年十一月陸續出版該系列叢書，迄八十年八月已出版十二集，總銷售本數約一百二十萬本，此有合約書二紙，銷售數量分析表在卷可供參考，顯然時報文化公司以「腦筋急轉彎」系列所出版之叢書，其開本、內容、編排方式已為相關大眾所共知，亦即其商品已有一定之表徵，此應為從事出版業務之被告呂敦建所熟知，縱使其已取得其他著作權人之授權，惟其大可不必以其前加一「新」出版之必要，其之如此，顯然係要讓人對「腦筋急轉彎」系列之產品產生混淆，而收易於銷售之便。

（二）該名稱非屬商品本身習慣上所通用之名稱。「腦筋急轉彎」此一名詞雖亦有其他類似使用情形，然尚非已達公平法第二十條第二項第一款所謂「商品本身習慣上所通用之名稱」之程度，此可從同類幽默式漫畫問答集中使用「腦筋急轉彎」以外之名稱可以得知，例如「七十二變」、「毒舌派」等即是。

（三）參考公平會審議之結果。法院亦採行政院公平會審議結果，認大然出版社仿冒他人商品之表徵，有違公平法之規定，並對之為不得再出版或銷售及通知書商收回未售書籍之處分，有公平會八十一年七月八日八十一公處字第〇〇七號處分書可稽，被告為實際行為人，是其罪證明確，犯行堪以認定，係違反公平法第二十條第一項第一款之罪，其多次行使及販賣犯行，時間緊接，犯罪構成要件相同，顯係基於概括犯意而為之，為連續犯，應依法加重其刑，並依同法第三十五條規定處罰。

案例二：德泰彈簧床案(注七五)

一、公平會鑑定意見

注七五　同注六一。

公平會認定德泰彈簧床商品，在臺灣市場已為相關大眾所共知。認定理由為：

（一）依雙方檢送製公平會之資料，雙方陸續刊登之報紙及電話簿廣告，並參酌德泰彈簧床行與德泰彈簧床股份有限公司先後自五十一年、五十二年起銷售同為「德泰」名稱之彈簧床商品，至今長達三十年之歷史來看，德泰彈簧床商品，在臺灣市場已為相關大眾所共知。

（二）當事人雙方之事業自始同源於德泰彈簧工廠，在交易上若有致使相關大眾消費者對於「德泰彈簧床」商品產生混淆誤認，其真正原因係本案當事人相互爭奪繼承歷史悠久、夙負盛名之「德泰」商標及公司、行號名稱所造成之必然結果，並非被告從事足以影響交易秩序之欺罔或顯失公平之行為所致，故未違反公平法第二十四條（注七六）。

二、臺南地院判決採與公平會相同之認定結果

臺南地院於接獲公平會之鑑定結果後，以八十一年度自字第二五三號判決被告無罪。理由認為：

（一）原被告使用之商標並無使人混淆之虞。

被告顏得鴻獨資之「德泰彈簧床行」係五十一年依商業登記法獲准設立並登記之商號，而自訴人顏得安之「德泰彈簧床」股份有限公司設立於五十二年（斯時代表人為顏得鴻，五十六年顏得鴻解任，代表人變更為顏得安），故被告顏得鴻將其獨資商號之名稱標示於販賣之彈簧床商品上，並無違反公平法第二十條第一項第一款規定。至於被告顏得鴻以「TEH TAI BED CO.」為其德泰彈簧床行之英文名稱，而與德

注七六　本案公平會之研析意見，就「德泰」商標及名稱之使用造成混淆之原因，認為係當事人雙方互相爭奪之結果。然而此種見解顯然忽略公平法第二十條之立法意旨，係在於避免商品主體來源之混淆。本案既已造成交易大眾對於該商標所表彰之商品主體產生混淆，即應該探究其間之原因及誰是真正商標專用權人，由於涉及商號及公司名稱之使用問題，詳參閱本章第四節及商標法第六十五條禁止惡意使用他人註冊商標之規定。

泰彈簧床行股份有限公司之英譯相同，涉嫌仿冒公司名稱之部分，除「CO.」中譯文有「公司」與「行號」之爭議以外，「TEH TAI BED」三字之中譯文與德泰彈簧床行之特取名稱、營業種類尚無不符之處，且自訴人顏得安代表之德泰彈簧床股份有限公司之英文全稱係「TEH TAI SPRING CO. LTD.」與上開行號之英文名稱並不相同，故被告顏得鴻尚無以相同或類似之方式使用自訴人公司英文名稱之情事，自無違反公平法第二十條第一項第一款之規定。

(二)當事人雙方各自使用「德泰」商標，皆非屬商標法所指具有專用權之「註冊商標」。

另查以自訴人顏得安為代表人之德泰彈簧床股份有限公司，曾於五十八年三月間以「德泰彈簧床廠股份有限公司」商標向中央標準局申請註冊；惟審定商標公告期間，利害關係人德大洋床廠股份有限公司（代表人顏得鴻）提出異議，復經中央標準局撤銷該商標之審定，德泰彈簧床股份有限公司不服乃提起訴願、再訴願、最後經行政院認定上開商標，主要之部分「德泰」二字，與利害關係人德大洋床股份有限公司於五十一年五月間使用於彈簧商品、註冊在先之德泰商標圖樣中之「德泰」二字相同，且其所使用之商品，雖一為彈簧床商品，一為彈簧商品，然其性質近似，故在交易上使人容易發生混同誤認，並有欺罔公眾之虞，而以訴無理由駁回。另被告顏得鴻所營之事業雖已取得「彈簧」及「床布」兩類商品之德泰商標專用權，然根據商標法第三十七條第一項第十一款保護他人全國著名之商號名稱或姓名權之規定，被告在取得德泰彈簧床股份有限公司之承諾前，亦無法以德泰名稱獲准註冊於「床」類商品，換言之，本案當事人雙方三十年來各自使用彈簧床商品之「德泰」商標，皆非商標法所指具有專用權之「註冊商標」，從而一方任意使用與他方構成相同或近似之商標圖樣於同一商品，尚無明顯違法之處。

(三)德泰商標雖已為相關大眾所共知，但此案中並無違反公平法第

二十條及第二十四條規定。

至於,是否違反公平法第二十條第一項第一款及第二十四條之規定,有關自訴人之「德泰彈簧床股份有限公司」商標主要之部分「德泰」是否已為相關大眾所共知?「德泰」商標是否為表彰自訴人商品來源之表徵?及是否有欺罔或顯失公平之行為? 法院判斷之理由:本案系爭之「德泰」彈簧床商品,依自訴人檢送公平會之六十四年、六十六年、七十一年、七十四年及八十一年當事人雙方陸續刊登及電話簿廣告,並參酌德泰彈簧床行與德泰彈簧床股份有限公司先後自五十一年、五十二年起,銷售同為「德泰」名稱之「彈簧床」商品,至今長達三十年之歷史來看,「德泰彈簧床」商品在臺灣市場應已為相關大眾所共知。查「德泰」商標最早為德泰彈簧工廠使用並註冊於彈簧商品。德泰彈簧工廠於四十六年設立,負責人為被告顏得鴻,實為家族共同經營之工廠。五十一年使用該德泰牌彈簧之德泰牌彈簧床即委由被告顏得鴻獨資之德泰彈簧床行代銷。自訴人顏得安於五十二年與被告另組德泰彈簧床廠股份有限公司,亦將圓形德泰標誌刊登於其彈簧床商品廣告之上,考其意圖皆係為沿用雙方之共同起源與出身 —— 前德泰彈簧工廠 —— 業已建立之「德泰」商譽,及消費者對於該商標商品之品質及來源等已產生之信賴;而前述「德泰」註冊商標於德泰彈簧工廠五十二、五十三年間歇業後,輾轉經德大洋床廠股份有限公司、德泰寢具股份有限公司移轉至法蘭西床股份有限公司(上述三公司之代表人均為顏得鴻)。因此,在本案當事人雙方三十年來皆以「德泰」名稱為其商品標誌之情況下,德泰商標並非單獨顯示自訴人商品之表徵,從而消費者無法僅依德泰商標以為辨識自訴人彈簧床商品之依據,故不符合公平法第二十條第一項第一款之要件。本案當事人雙方之事業自始同源於德泰彈簧工廠,分家之前被告顏得鴻即已獨資成立德泰彈簧床行,代銷床內使用德泰牌彈簧之「德泰牌彈簧床」;自訴人顏得安則於分家後另組德泰彈簧床股份有限公司,並

以圓形「標準」名稱爲其彈簧床商品之註册商標，今自訴人不以「標準」註册商標爲其商品與被告商品區別之主要依據，卻以使用商標之方式，將德泰公司名稱與圓形德泰標誌標示於其彈簧床商品及廣告之上，顯示自訴人自始卽無與被告商品區別之眞意，因此，在交易上若有致使用相關消費大衆對於「德泰彈簧床」商品產生混淆誤認，其眞正原因係本案自訴人與被告相互爭奪承繼歷史悠久、夙負盛譽之「德泰」商標及公司、行號名稱所造成之必然結果，並非被告顏得鴻從事足以影響交易秩序之欺罔或顯失公平之行爲所致，故亦與公平法第二十四條之規定不符。此有公平會八十二年三月一日 （八二） 公參字第五〇六三六號函附卷可稽。再經本院審酌卷內各項事證資料，認上揭認定結果爲可採。此外，復查無其他證據足證被告有何違反公平法之犯行，不能證明其犯罪，自應爲無罪之諭知。

未經公平會認定、司法機關逕行認定者:

案例一: 毛寶自訴妙管家案(注七七)

一、事實槪要

自訴人主張其商品「冷洗精」、「衣領精」等之容器、包裝外觀等表徵使用已久，曾獲多項優良產品商標獎，已爲相關大衆所共知。被告之相同產品使用與自訴人相同之商品表徵，致使消費者誤認，形成不公平競爭，故以公平法第二十條提起自訴。被告則以該容器乃同類商品所慣用，其行銷該等產品亦久，廣告投資額比自訴人還多，市場占有率已與自訴人相近，並無仿冒之情事。

二、法院判決

本案並未向公平會申訴，法院亦未將相關資料函請公平會鑑定。法院判決認爲並無違反公平法第二十條之規定。其理由有以下幾個重點:

注七七　判決書全文詳見臺北地院82自字第 898 號刑事判決，公平交易法司法案例彙編，頁二六四～二七〇，八十三年三月。

(一)就「相關大眾所共知」之要件判定：法院認定自訴人之產品（毛寶洗衣精系列）與被告產品（妙管家系列）之商品容器、包裝、外觀等表徵，皆為相關大眾所共知。其判斷依據為：1.產品上市期間、2.商標專用權取得時間、3.廣告量統計、4.市場占有率等。本件系爭兩件商品皆於七十八年左右上市銷售，取得商標專用權及包裝圖形之著作權期間亦相近，並存市場多年。同時間內自訴人之廣告投資額為二千九百萬元，被告為三千萬元以上。市場占有率部分自訴人（毛寶）為百分之二十，被告（妙管家）為百分之十五排名第二，因此認為兩者產品之表徵皆已達相關大眾所共知。

(二)就「引人混淆」之構成要件部分：法院認定系爭產品之瓶型容器、顏色及包裝標籤為市場上同類商品所普遍使用，查市面上有五種品牌（妙管家、毛寶、奇寶、康潔及潔偉）之瓶型容器是相同的，可見其不具獨特性。且二者商標迥異，大異其趣，通體隔離觀察，實不致使一般消費者產生混同誤認。二者既已併存使用多年，經大量廣告促銷，早已深入人心，在消費者心目中已分別建立其品牌產品形象及市場地位，尤無使一般消費者產生混淆誤認而誤購之虞。

三、本案評析

法院雖認定系爭品牌使用之表徵為相關大眾所共知，然而此種商品容器造型為同類商品所慣用，不具獨特性，且二者商標不同，無使人誤認之虞。此在公平法第二十條第二項第一款亦有規定「以普通使用之方法，使用交易上同類商品慣用之表徵」，而排除第二十條第一項第一款之適用。

就本案中法院認定之方式及判斷依據，雖然可稱為相當客觀及詳細，但是仍有可議之處。公平法第二十條之要件「相關大眾所共知」法院既採證「市場占有率」為判斷依據，然而本案關於相關產品之市場占有率之統計資料，為當事人之一方即被告所提出，其可信度及客觀程度，實

不如擁有市場資訊及專業經濟分析能力之公平會所做之統計或調查。縱使法院願意自行認定市場占有率之問題，在時間、資訊取得及統計分析能力上，恐怕非一般法院所能負擔。故在公平法中縱未如商標法有停止訴訟程序，待商標評定程序確定後再進行之規定。法院在受理有關公平法之案件時，關於較專業或須客觀採證之事實，宜函送公平會鑑定之。

案例二：皮爾卡登「Pierre Cardin」商標案(注七八)

一、事實概要

被告從事男女百貨用品銷售多年，並為經銷「皮爾卡登」商品之專門店，其明知「皮爾卡登 Pierre Cardin」商標業經法商皮爾卡登向我國經濟部中央標準局獲准註冊登記，取得商標專用權（指定使用於皮帶、皮夾、皮包、皮革、皮帶扣、鈕扣等商品），在八十二年三月間，向不詳姓名人一次購入仿冒該皮爾卡登（Pierre Cadin）商標之皮夾十餘個，皮帶十多條，並基於概括犯意，連續多次販賣予不特定顧客。致與真正之「皮爾卡登」商品發生混淆。

二、法院判決理由

(一)法院認定其為相關大眾所共知之商標之理由僅為「該商標已經我國經濟部中央標準局註冊登記，應受我商標法之保護」且「係業界及消費者等相關大眾所共知之商標」，是被告明知所販入之皮帶、皮夾係仿冒該商標之商品，足使人與真品發生混淆，竟仍販賣，核其所為係違反公平法第二十條第一項第一款之規定，應依同法第三十五條論罪科罰。

(二)另外法院認為被告所為亦成立商標法第六十二條之二明知仿冒商標商品而販賣罪，惟與公平法之規定具有法條競合關係，依重法優於輕法之原則，自應論以法定刑較重之公平法第三十五條之罪。

三、本案評析

注七八　臺灣高院臺中分院82年度上易字第2551號判決書全文詳見，公平交易法司法案例彙編(一)，頁二八四～二八八。

　　就商標是否屬於相關大眾所共知，本案法院認定之依據及過程極為簡單，僅以該商標已依我國商標法登記取得商標專用權，以及該品牌在我國銷售已相當時日，為業界及消費者所熟知，故為相關大眾所共知之商標。蓋事實問題固為法院判斷之權限範圍，然而與上一案例比較，本案認定之證據及資料恐不免過於草率。又因為法院認為公平法第二十條與（舊）商標法第六十二條之二（注七九）是法條競合之關係，依「重法優於輕法」原則，論以公平法第三十五條（法定刑較重：三年）之罪。實際上商標法與公平法之構成要件規定並不完全相同，並非所有商標仿冒案件皆有商標法與公平法競合適用的情形。由此可見法院可能未明辨公平法及商標法之構成要件之異同，又因違反公平法第二十條之刑責，無論是使用仿冒商標之行為或運送、輸出輸入仿冒品之行為，一律為三年以下有期徒刑，或五十萬罰金，與商標法第六十二條之二一年以下有期徒刑及一萬元之罰金相比較，司法機關便很容易依「法規競合」之原理，關於販賣仿冒商品之罪，便會適用較重之公平法第三十五條之規定處斷。此點為法院實務上適用公平法與商標法常見之情形，究其實際，未釐清公平法與商標法個別之適用範圍，為最主要因素。若院檢雙方對於公平法第二十條之構成要件詳加分析，則可知公平法第二十條與商標法第六十二條之構成要件不盡相同，仿冒商標案件並無當然同時該當兩法規之情形。現行司法機關對於涉及公平法第二十條之案件，未經公平會鑑定而直接論斷系爭表徵是否為「相關大眾所共知」之結論，以及將公平法視為「重法」、商標法為「輕法」，依法規競合之作為定罪標準，恐有過於輕率之弊。

　　第二目：未能達到相關大眾所共知程度之表徵

注七九　此處所謂舊商標法，係指八十二年十二月二十二日修正通過以前之商標法。有關現行新商標法與舊商標法之比較，詳見第四章第二節之分析。

　　司法機關在涉及公平法第二十條之案例中，對於商品之表徵，認定其未能達到「相關大眾所共知」者，亦有兩種方式。一為函送公平會鑑定、司法機關進而採納者；另為未函送公平會鑑定、司法機關自行認定者。這種差異可能導因於公平法正式施行期間才三年多，司法機關不熟知其規定，再加上公平法中又未如類似商標法第六十條規定商標評定程序進行中、訴訟程序暫時停止之規定，因此實務之作法亦產生以下兩種不同之方式。本書首先分析司法機關函送公平會鑑定之案例，再檢視司法機關自行認定、未函送公平會鑑定之案例，分析其判斷方式及認定標準，是否有差異及值得檢討之處。

　　函送公平會鑑定、司法機關進而採納者：

　　案例一：魚肚商標案(注八〇)

　　一、案例事實及判決理由

　　本件法院函公平會詢問「魚肚」商標是否係公平法第二十條所規定之「相關大眾所共知」之商標，公平會以八二公參字第五二二五一號函復：「告訴人公司雖稱魚肚商標自七十七年起陸續於園藝雜誌及花卉市場大量製作廣告而為相關大眾所共知，但依告訴人所提供之廣告內容，僅能證明告訴人公司有為廣告之事實，尚不足認魚肚商標即為相關大眾所共知，且其於廣告上均載信譽商標三益牌(及圖)，另復表明其產品有花之肥、魚肚肥、網肥及金玉肥，顯示告訴人公司係以三益牌（及圖）以表彰其商品主體，至花之肥、魚肚肥、網肥及金玉肥等則為商品名稱，另告訴人公司所產製之魚肚肥，在相同或類似之有機質肥料市場上占有率亦非顯著，據本會八十二年六月四日邀相關政府部門、農會、學術機構、團體、園藝專業雜誌社及肥料製銷業者等舉行公聽會及問卷

注八〇　板橋地院81年度易字第6673號、82年度訴字第1459號刑事判決，判決書全文詳見，公平交易法司法案例彙編(一)，頁二七一～二七六。公平會第九十次委員會議討論案二。

之結果，出席單位逾八五％認為益多公司即告訴人公司生產之魚肚肥包
裝上魚肚一詞為商品原料，縱魚肚為商標，出席單位逾六五％認此商標
非為園藝界之相關大眾所共知，故為相關大眾所共知者實為以魚內臟製
成之有機質魚青肥料，而非告訴人公司註冊之魚肚商標，而認為本案無
論就商標之顯著性使用方法、知名度及商品銷售情況等，均尚難認定系
爭魚肚商標已為相關大眾所共知之表徵。」法院認為行政院公平會為公
平法之主管機關，該會邀相關政府部門、農會、學術機構、團體、園藝
專業雜誌社及肥料製銷業者等舉行公聽會及問卷之結果所為之意見自勘
採信。魚肚商標既非相關大眾所共知之商標，本件被告等即未違反公平
法第二十條第一項第一款之規定之情形。

二、本案評析

　　本案法院於受理有關公平法第二十條仿冒商標之案件後，即函送公
平會鑑定該商標是否為相關大眾所共知。經公平會以召開公聽會、問卷
調查、及市場占有率調查後，就其商標之顯著性、使用方法、知名度及
商品銷售情況等，認為相關大眾所共知者實為以魚內臟製成之有機質魚
肚肥料，而非告訴人公司註冊之「魚肚」商標。法院亦據以為理由判決
被告不違反公平法第二十條之規定。

　　商標之使用之定義，乃就自己營業之商品使用文字、圖形、記號或
聯合式等，足使一般商品購買人認識其為表彰商品之標識，並得藉以與
他人商品相區別者，商標法第六條有明定。商標之使用，既在表彰自己
商品並讓消費者藉以標誌區別商品來源、品質與信譽，故基於表彰商品
之目的將商標用於商品或其包裝或容器之上，始為商標法所謂之商標使
用。若非因表彰自己營業之商品，形式上縱有將商標用於商品或包裝或
容器之上之事實，若其目的與方法，僅係用以表示商品有關之說明者，
稱為普通使用。故凡以普通使用之方法表示自己之商品名稱、形狀、品
質、功用、產地或其他有關商品本身之說明、附記於商品之上者，不為

他人商標專用權之效力所拘束，此亦爲商標法第二十三條所明定。所謂不爲他人商標專用權之效力所拘束，係指他人註册商標之內容雖有同樣之文字圖形等，仍不妨使用此等文字圖形附記於商品之上而言。

本案由於系爭「魚肚」商標並不爲相關大衆所共知，且他人使用該「魚肚」名稱乃係表示以魚內臟製成之有機質魚肚肥料，而非該商標，故並無違反公平法第二十條之情形。此亦在公平法第二十條第二項第一款規定「以普通使用之方法，使用交易上同類商品慣用之名稱」，而認爲可排除第二十條第一項第一款之適用。

案例二：狩獵天地（Hunting world）商標案(注八一)

本案經法院函送公平會，就該商標是否爲「相關大衆所共知」爲鑑定。公平會鑑定結果認爲該商標尚未達「相關大衆所共知」之程度，而法院亦採納公平會之鑑定意見，以下便分析之。

一、公平會之見解

公平會據以認定該商標未達「相關大衆所共知」之理由爲：

(一)商標註册時間：「Hunting world」商標圖樣係自七十四年十月一日起始於我國取得在「書包、手提箱、袋、旅行袋、皮夾、衣箱」商品之商標專用權，至「Hunting world with elephant design」商標圖樣迄自八十年二月一日始取得在「手提箱袋、旅行袋、皮包、皮夾、運動用具袋、書包」商品之商標專用權，依其在國內市場銷售期間，尚難卽認該「狩獵天地」商標已爲一般消費大衆所熟悉。

(二)產品銷售額及市場占有率：公平會依系爭「狩獵天地」商標之產品銷售總額，分別統計其八十年、八十一年之市場占有率均未超過百分之零點七，而其產品之營業據點亦極爲有限。故本案就系爭表徵在市場

注八一　詳見公平會議第九十七次討論案七。花蓮地檢署81年偵字3770號起訴書、花蓮地院82年度易字第196號判決書。公平交易法司法案例彙編（一），頁二四八～二五二。

上廣告促銷程度、推出市場時間、其商品在市場銷售狀況、營業規模、市場占有率及消費大眾之印象等各項因素綜合判斷，均尚難認定系爭「狩獵天地」商標已為相關大眾所共知之表徵。

二、法院判決

法院採納公平會之意見，認為不該當公平法第二十條之要件，理由為(注八二)：「……本案經送公平會依據告訴人前開商標商品在我國市場上廣告促銷程度、推出市場時間、在市場銷售狀況、營業規模、市場占有率、及消費大眾之印象等各項因素綜合判斷，均難認定告訴人前開商標已為相關大眾所共知，有該會八十二年八月十八日公參字第五二九八八號函附卷可稽，是本案被告之行為尚難認有違反公平法之處。」故法院以（舊）商標法第六十二條之二販賣仿冒商標商品罪論罪。

未經公平會認定、司法機關逕行認定者：

就涉及公平法第二十條之案件，仍有許多司法機關未函送公平會鑑定而直接引用公平法論斷者。以下便舉就其案例類型及內容探討之。

案例一：美商伊士曼機器公司之裁剪機被仿冒案(注八三)

伊士曼公司製造 629 型藍紋裁剪機，其認為被告公司製造銷售之 EC829 型裁剪機之外型及型號編排方式，與其商品相同，而有違反公平法第二十條第一項之情形，故逕向法院提起自訴。法院未函送公平會鑑定，經審理結果認定並無違反第二十條之情事。法院之判決理由為：

(一)伊士曼公司在我國並未依公司法之規定登記，原不得提起自訴。惟公平法第四十七條規定，未經認許之外國法人或團體，就本法規定事項得為告訴、自訴或提起行政訴訟。但以依條約或其本國法令、慣例，中華民國人或團體得在該國享受同等權利者為限；其由團體或機構互定

注八二　見前注文獻，頁二五〇。
注八三　臺北地院82自字第151號刑事判決書。

保護之協議，經中央主管機關核准者亦同。我國與美國簽訂之「中美友好通商航海條約」第六條第四款規定，由法院以優於國內法之效力，直接予以適用。故該公司仍有自訴之能力。

（二）公平法第二十條所稱之「相關大眾」非指一般消費者而言。本案之相關大眾，應係指整日以該機器謀生之成衣廠師傅，經由師傅之共知，認為具有相同或類似之表徵，足以影響辨識時，始符「相關大眾所共知」之規定。

（三）該二種裁剪機價格差距甚大（一萬八千元與三萬五千元），一般相關使用裁剪機之專業人士，從價格上判斷即知何者為自訴人或被告所生產。購買被告所生產之機器者，均為明知而仍刻意購買之人。故二者之消費對象及市場區隔，涇渭分明，並無與他人商品混淆或有與他人商品混淆之虞，是與公平法第二十條第一項第一款之構成要件不合，故判決被告無罪。

案例二：百能公司筆類文具案（注八四）

本案檢察官、法院引用公平法第二十條之規定，然而皆未函送公平會鑑定。法院直接就相關市場占有率、產銷總值、消費者感覺及嗜好傾向、市場調查等方面認定，認為原告未能提出證據證明其商號、商品包裝已達「相關大眾所共知」之程度，故未適用公平法第三十五條予以處罰。

檢察官認為被告明知百能公司製售之免削鉛筆、原子筆及其產品紙盒外包裝圖案，為消費者熟知並為識別產品之表徵，被告竟大量生產與百能公司產品結構、外觀、形狀、尺寸完全相同之鉛筆、原子筆，銷售圖利，因認被告涉有違反公平法第三十五條之罪嫌予以起訴。然而法院判決認為：本件公訴人認被告涉有違反公平法第三十五條之罪嫌，無非

注八四　判決書全文參見臺北地院82訴字第776號刑事判決，公平交易法司法案例彙編（一），頁二二三～二二六。

以告訴人百能公司製售之鉛筆、原子筆產品結構、外觀，為消費者熟知並為識別產品表徵，竟為被告仿製鉛筆、原子筆及包裝後陳列銷售。惟按公平法第三十五條所指違反同法第二十條第一項第一款之以「相關大眾所共知」之他人姓名、商號或公司名稱、商標、商品容器、包裝、外觀或其他顯示他人商品之表徵，為相同或其他類似之使用，致與他人商品混淆，或販賣、運送、輸出或輸入使用該項表徵之商品之規定者，其構成要件必為被相同或類似之使用者，屬「相關大眾所共知」之商號、商品表徵或包裝等，為相同或類似使用，而被混淆而言，如 IBM 電腦之於電腦產品、大同電視之於電器產品等情形始足當之，查告訴人百能公司就其所產銷之免削鉛筆、原子筆及其「LOO　WOOF　小狗圖」圖案包裝，無論就相關市場占有率、產銷總值、消費者感覺及嗜好傾向、市場調查等方面，均未能提出證據證明其商號、商品包裝已達「相關大眾所共知」之程度，故並無適用公平法第三十五條予以處罰之餘地，因而法院據此理由判決被告無罪。

第二款　本文評析

由上述分析司法機關對於公平法第二十條之適用原則可知，就「相關大眾所共知」之要件的認定，有兩種方式，一為函送公平會鑑定之，另一則為檢察官或法院自行採證認定。此種結果造成之原因有許多，蓋「相關大眾所共知」之要件屬於事實問題，法院本得依職權判斷之；又公平法為一新法，司法實務者對其恐未達十分熟悉之程度，再者公平法又未如商標法第六十條規定須嗣商標評定程序確定前，民刑事程序須暫時停止之規定；而大部分院檢雙方受理的皆為有關使用仿冒商標或販賣仿冒商品之案件，以往大多單純適用商標法；公平法通過施行後，司法實務者很容易「望文生義」的將公平法第二十條視為商標法之特別法，而以法規競合理論、「重法優於輕法」、「特別法優於普通法」等原則逕以

商標法處斷之。加上舊商標法關於使用仿冒商標之刑責最重為五年、罰金為五萬元（指八十二年十二月修正前之商標法第六十二條），公平法第二十條之刑責為三年、罰金為臺幣一百萬元（公平法第三十五條），相較之下公平法之刑責輕、罰金重，便很容易將公平法視為輕法，而摒除不用，故因此認為無須函送公平會鑑定是否有公平法第二十條之適用。至於販賣仿冒商品之罪責最重為一年（舊商標法第六十二條之二），與公平法第二十條之刑責三年相較，顯然公平法對於流通仿冒商品之處罰較重(注八五)，依檢察官及法院適用刑事法規之習慣，會以較重之公平法起訴或論斷，但由實務上案例觀察，此時司法機關亦不見得會將案件函送公平會鑑定。蓋販賣仿冒品之案件，大多事證確鑿，認定犯罪之過程無須再「節外生枝」延遲結案時間，加上辦案期限之壓力，院檢雙方便不欲或未曾想到函送公平會鑑定，進而自行認定有關「相關大眾所共知」「致與他人混淆」等要件。

　　對於函送公平會鑑定之案件，法院皆相當尊重公平會之見解，並且在判決理由中詳加引述，據以為判決之理由。此種司法機關與行政機關相互合作協調之模式，在現今行政法規專業分工愈趨複雜的情形下，法院愈需要相當程度以行政專業機關之意見作為審理之參考。例如「飲用水管理條例」關於妨害水質之行為，經制止不理者，得處一年以下有期徒刑（第十五條）。然而何謂「妨害水質之行為」，卻須該法主管機關（中央為行政院衛生署）認定及制止。法院相當程度須依行政機關之專業認定是否該當「妨害水質行為」。此種「附從於行政監督之犯罪」在學

注八五　公平法第三十五條關於刑責之規定，不分仿冒商標等表徵之行為或流通仿冒商品之行為，皆以第三十五條規定，最重處以三年以下徒刑或併科一百萬元以下之罰金。與商標法之規定（偽造仿造行為五年、販賣仿冒商品為一年）相較，本有爭議。原則上法院在適用公平法論罪時，實應考慮各種行為類型所侵害之法益高低及可非難性，對於偽造仿造商品表徵之行為，論以較重之刑度，而對於單純流通仿冒商品之行為，應不至於與偽造仿造之行為有相等之可責性。

理上雖值得討論（注八六），然而現今許多行政法規中皆有如此之設計，法院在適用上仍須參酌行政機關之意見，惟並無絕對拘束法院之效力，此乃法治國家三權分立制度下必然之結論。

第四項　「相關大眾所共知」與「著名」

第一款　「相關大眾所共知」與「著名」之異同

　　公平法第二十條第一項第一款所保護商品之表徵，係指事業用以區別彼我商品之特徵，使一般人見諸該表徵卽知該產品爲某特定事業所產製，而「表徵」須爲「相關大眾所共知」，亦卽該項表徵足使商品之相關交易對象見到系爭表徵時，雖不必確知該商品主體之名稱，然有相當人數會將其與特定商品主體產生聯想，故受保護之表徵須具有識別力，及實際的市場經濟實力，本質上具有個別排他的經濟利益，始有其受法律保護之經濟價值。「表徵」是否爲「相關大眾所共知」，需就系爭表徵在市場上廣告促銷程度、推出市場時間、其商品在市場銷售狀況、營業規模、市場占有率及消費大眾之印象等綜合判斷，此爲公平會處理相關案件之原則。

　　舊商標法上有所謂「著名」商標之用語，在第三十七條第一項第七款不得申請商標註冊之情形：「相同或近似於他人『著名』標章，使用於同一或同類商品者」、以及第六十二條之一：「於同一或同類商品使用相同或近似於未經註冊之外國『著名』商標者……」。而新商標法第三十七條第七款已修正爲「襲用他人之商標或標章有致公眾誤信之虞者」，不再使用「著名標章」之用語；第六十二條之一則完全刪除，理由爲公平法第二十條第一項第三款已有外國著名商標之保護規定。關於如何判

注八六　「附從行政監督之犯罪行爲」乃參考廖義男，公平交易法關於違反禁止行爲之處罰規定，載於氏著，公平交易法之釋論與實務，頁五七以下；拙著，論附從行政監督之犯罪行爲——以公平交易法第三十六條爲例，法律評論，第四十二卷第七八期，頁三一～三四。

。

定「著名」之標準，我國學術界針對著名商標保護之探討並不多，有認爲法德之判例學說可作爲參考 (注八七)，或者提及著名商標認定之困難度(注八八)，或者藉由司法院解釋及大法官會議解釋介紹(注八九)。至於舊商標法第三十七條第三項規定：「第一項第七款所稱著名標章，其認定標準，由經濟部報請行政院核定之」，加上中美數次貿易談判過程中，美國一再要求我國訂定標準(注九〇)，經濟部乃指示中央標準局分別研擬出數個認定抽象的認定原則，如：

（一）歷史悠久 —— 經歷多年持續使用；

（二）廣泛行銷、爲消費者所共知 —— 由銷售額、銷售地位、廣告費認定；

（三）品質優良 —— 可以正記標記或其他同性質標記、公會證明等證明之（注九一）。

然而商標法中有關「著名」標章之規定旣已全部刪除，此處仍須討論之原因，乃在於公平法第二十條第一項第三款仍有外國著名商標之保護之規定，而同條項第一、二款則規定商品及服務營業之表徵須爲「相

注八七 曾陳明汝，專利商標法選論，頁二三九。其中舉出德國學說，認爲所謂高度著名之商標不僅在關係範圍內，且爲某特定區域之居民所共知，同時爲人們指定於特定及確切之物品所慣用及流通之語言者，卽屬高度著名於認定時須斟酌系爭標章的顯著性、在市場上的地位、廣告程度等。另外亦有法國、美國、英國等判例學說可供參考。

注八八 鄧振球，商標不正競爭之研究，七十七年輔大法研所碩士論文，頁一〇五。

注八九 周君穎，商標權之侵害及其救濟——中日兩國法之比較，七十年臺大法研所碩士論文，頁二〇五。

注九〇 馮震宇，論中美有關防止仿冒商標談判對我國商標法制之影響，七十五年臺大碩士論文，頁四〇六。

注九一 中標局曾訂定過數個標準，其中有抽象性的原則宣示，如七十三年四月十九日之決議內容之九大原則；亦有具體百分比計算的基準，如七十三年九月十八日會議結論；然而抽象之原則有審查人員主觀因素介入之顧慮，具體之機械化公式又認爲不夠彈性，至今仍無一個眞正的標準，詳細內容參見李桂英，從商標法及公平交易法論著名商標之保護，八十二年一月中興大學法研所碩士論文，頁二五～二六。

關大眾所共知」。各款在適用上是否有差異，須先分析「相關大眾所共知」與「著名」之內涵是否相同。

國內論著探討此一問題，有兩種不同之見解。一為相同說，認為「相關大眾所共知」與「著名」乃同一意義，二者無差別(注九二)，採此說者認為公平法第二十條第一項第三款關於外國著名商標之保護，破壞了商標註冊主義，且認為同條第一款規範範圍實已包括第三款之類型，因此大多認為第三款規定實可刪除。另一種見解為「不同程度說」，認為兩者具有知名「程度」上的差別 (注九三)。「相關大眾所共知」不須達到如「著名」所需「聲名遠播」或「著有聲譽」之程度；所謂「共知」，指該他人商品或服務之表徵，因其商品或服務有廣泛行銷而具有高度知名度，為該交易圈之相關大眾所共同知悉者。如該商品或服務特殊商品，則相關大眾所共知應指該特定商品為特定交易商圈之人。若為一般日常消費品，則應指一般消費大眾所共同知悉者。至於「著名」，則須較廣泛且高程度的知名度，並不以特定商品或服務之範圍劃分為判斷依據。因此，以程度言之，「著名」應比「相關大眾所共知」需要較廣泛之知名度。

此兩種不同學說在實際上適用產生之區別為，若仿冒一未經我國註冊之外國著名商標，依前述「相同說」，公平法第二十條第一款或第三款皆可規範此行為，則無必要將外國著名商標規定在第三款。因為依第一款所保護之商標不以已經註冊者為限，第三款實可刪除之。然而若依「不同說」，則只能依第三款規範之。若其未能達到「著名」之程度，

注九二　黃榮堅，濫用商標行為之刑事責任，臺大法學論叢，第二十二卷第一期，頁五七；李桂英，前揭文，頁二○；王伊忱，眞正商品並行輸入之商標權侵害問題，七十七年臺大法研所碩士論文，頁一四六。
注九三　廖義男，公平交易法關於違反禁止行為之處罰規定，注一一，原載於政大法學評論，第四十二期，後收錄於氏著，公平交易法之釋論與實務，第一冊，頁六八。

則須證明該商標已爲「相關大眾所共知」，才能「退而求其次」依第一款請求保護。究竟應以何說爲當，本書認爲首先應觀察二法之立法背景及規範意旨，再從實務運作之結果探究。

第二款 「著名」商標之立法及適用問題

公平法第二十條第一項第三款之立法，有其特殊之背景因素，由其立法說明可知（注九四）：「查商標法第六十二條之一雖定有仿冒未經註冊外國著名商標處罰之規定，惟我國現行商標法係採註冊保護制度（參見商標法第二條、第二十一條、第三十四條），仿冒未經註冊之外國著名商標之處罰，不宜於商標法中予以規範。而仿冒外國著名商標之行爲，係屬不公平競爭之一種，故改予本法中規定，本法通過後，商標法第六十二條之一當予刪除。復查仿冒外國著名商標之行爲，係不道德行爲，具有可責性，影響我國對外信譽頗巨，且有仿冒行爲者卽應予處罰。」

商標法第六十二條之一的訂定，始於民國七十二年商標法之修正。該次修正明顯的受到中美談判之影響，尤其刑罰部分之修正乃爲履行中美貿易事務協定裏我國所做之承諾，例如提高侵害商標專用權之刑度，增訂侵害未經註冊之外國著名商標（第六十二條之一）、販賣仿冒商標商品罪（第六十二條之二）、沒收之特別規定（第六十二條之三）等。七十四年，我國再度修改商標法。直至八十二年十二月二十二日，因美方三○一條款貿易報復之壓力，歷年變動最大的商標法修正順利通過（注九五）。此次修法方向已趨向國際化，例如，商品分類改國際分類方式。過去舊法施行細則中之商品分類，向來爲人所詬病，性質相近者在不同類別，性質相差甚遠者卻在同一類，新法採國際分類，有助於我國商標法國際化。另外隨著舊商標法第五條商標圖樣之使用文字以中文爲

注九四 詳見立法院秘書處編印，法律案專輯，第一百三十二輯，公平交易法案，頁二一～二二，八十一年六月。

注九五 關於新商標法修正之內容及方向，本書將在第四章中論述之。

限的規定取消，國內廠商可以註冊外文商標，以同一商標同時在國內外使用，不致生中英文未同時註冊所生之問題，同時亦有助於事業發展國際性企業活動。依新法第三條、第四條規定，與我國定有保護商標條約或協定之國家，依法申請註冊之商標，於首次申請翌日起六個月內向我國申請註冊者，得主張優先權，即以在他國首次申請註冊之日做為我國之申請日。如此不但可達到保護外國商標，國內廠商亦可透過優先權制度，在與我國訂有相互保護商標條約或協定的國家取得優先權。而且國內商標註冊主義亦得以維持，不至於產生商標保護制度不一致之標準。

　　至於新法關於制裁仿冒行為之罰責部分，則刪除了第六十二條之一，其修正理由亦如前所述乃配合公平法第二十條之規定。舊商標法第六十二條之一刪除，將其移至公平法中，而以防止不正競爭之目的執行該條文，應屬可以接受之立法方式。依商標註冊主義及互惠主義之原則，外國商標若欲依我國商標制度尋求保護，仍應以依商標註冊程序辦理登記等方式為當。雖然有人質疑，將商標之保護規定分別規定在不同法典內，恐在執行上易生困擾(注九六)，然而從商標法修正之角度以及公平法第二十條之立法精神考量，外國商標既已能依我國商標法尋求保護，若其認為受到不公平競爭行為之損害，欲主張公平法之保護者，則須進一步證明該商標為「著名」。且公平法第二十條第一項第三款之規定僅限於將該未經註冊之外國著名商標使用於「同一或同類商品」上，其範圍較小。如此方不會造成未經註冊之外國商標，反而比已經註冊之商標多一層保護，破壞了商標註冊主義之立法目的。然而實務上中標局與公平會就「著名」與「相關大眾所共知」之要件的認定方式及適用原則，就本章第七節第二項之案例研析之結果，本書發覺公平會就認定某商標或商品表徵是否為「相關大眾所共知」之要件時，雖然亦會參酌中標局在

注九六　江必卿，新商標法衍生問題探討，經濟日報，第十六版，八十二年十
　　　　二月十二日。

商標異議事件或商標評定程序中，對於系爭商標是否「著名」之見解（注九七）。然而中標局據以認定之方式及客觀性，卻遠不若公平會判斷「相關大衆所共知」之要件來得仔細及客觀。因此，「著名」商標一詞旣只在公平法第二十條第一項第三款有規定，以公平會之認定趨勢，第二十條第一項第三款適用之要件，應比以往中標局認定較爲嚴格。

第三款　小結

　　公平法第一、二、三款對於商品或服務表徵之保護，以第一、二款而言，係著重在避免商品或服務主體來源之混淆誤認，不以該表徵係使用在同一或同類商品者爲限，而且該條保護之客體又不僅商標，其構成要件亦要求「致與他人商品或服務混淆」。然而第三款則僅規範未經註册之外國著名商標之保護，且限制於使用在「同一或同類商品」之上。實際上第二十條各款皆蘊含防止不正競爭之概念。公平法第二十條乃以制止引起商品服務之主體來源混淆的不正競爭行爲，反射出受保護商品關於表徵的排他權，此乃爲確保「公平競爭秩序」之事實結果。商標法則由賦予商標權人獨占排他權，藉此保護其商標專用權益，從而建立一個公平競爭秩序的環境。實際上商標專用權及商品服務表徵之保護皆具有防止不正競爭制度之功能，尤其商標法第三條規定之互惠原則，及第四條增定之優先權制度，可見我國已將商標及商品表徵之保護制度視爲公平競爭秩序之一環。若我國商標登記制度完善且符合世界潮流標準，則無論內外國廠商所研發之商標，應以依照商標法尋求商標權之登記及保護爲是。至於商品或服務之表徵，則依公平法第二十條關於避免

注九七　詳見本章第七節第二項所硏析案例一：香奈兒商標案，就中標局之異
　　　　議審定書及行政院再訴願決定書內容可知，其認定該商標「已爲一般
　　　　消費者熟知」、「難謂未具知名度」之理由，僅依照使用年限及一般
　　　　雜誌廣告而爲判定。縱使如此，公平會亦相當採取中標局等之見解，
　　　　類似案例還有：力霸商標案、SOL-FA 牙刷案等，公平會在硏析意
　　　　見中，均有參考中標局之審定意見之趨勢。

商品主體來源混淆之規定尋求保護。

　　現行公平法第二十條第一項第三款之規定，雖有其立法背景及政策之考量，而依學說見解，認為「著名」，需要較廣泛且高程度的知名度，並不以特定商品或服務之範圍劃分為判斷依據，而認為「著名」應比「相關大眾所共知」需要較廣泛程度之知名度。然而如前所述，以往舊商標法關於「著名」之認定及判斷方式不易建立，訂定之標準幾經更迭，仍未就「著名」之適用建立一客觀而合乎商業競爭秩序的原則；新商標法又已完全刪除該名稱，只有公平法第二十條第一項第三款有關於未經註冊外國著名商標之保護規定。而本書在本章第七節首先就本國及外國法例學說關於「著名」或「具有交易聲價」等商標之解釋及內涵分析，得知其仍然屬於不確定之法律概念之性質，以及仍具有就個案判斷之趨勢。實際上以學說論斷「著名」與「相關大眾所共知」是否同一意義，或者以某程度作為兩者之界線，都會有不確定之弊。本書認為除須探究立法目的外，實務運作及認定之方式更可作為執法檢討之依據。

　　就我國公平會及司法機關受理之案例分析，以本書所歸納出其認定「相關大眾所共知」之方式及標準，發覺公平法關於「相關大眾所共知」之適用經驗及案例中建立之判斷標準，實際上比中標局以往判斷「著名」商標之標準及認定方式來得嚴謹且仔細，亦比司法機關自行判斷者更具客觀性。故本書認為，公平法第二十條第一項第三款，既然皆係為防止不正競爭之目的，實不必另以「著名」為構成要件，況且反而有混淆第一、二款之適用範圍的可能性。因此，公平法第二十條第一項第三款之未經註冊之外國著名商標之保護，實可刪除，蓋依同條項第一、二款之規範即可達到目的。實際上被公平會認定為「相關大眾所共知」之商品或服務表徵幾稀，司法機關認定符合「相關大眾所共知」者又嫌草率不客觀。因此主張「相關大眾所共知」與「著名」之涵義相似者，亦有所依據。蓋既已了解實務運作之結果是「著名」反而比「相關大眾所共

知」更容易該當且條件寬鬆，若要求「著名」須比「相關大眾所共知」更高之知名度，以實務之作法，恐怕一時難以扭轉實務之認定方式，且第二十條第一項第三款或許永無適用之機會。然而主張二者不同說者，係從立法原因出發。蓋商標權原以註冊保護主義為原則，外國商標若欲得到保護，應及早依我國商標法規定申請註冊，此為各國皆有之趨勢。當初商標法第六十二條之一的立法背景有貿易制裁之壓力及顧慮，當初卽有人批評破壞商標註冊保護主義，而此次修正商標法時將其刪除，應予贊同。然而將其移置公平法中，雖然第二十條之立法目的係在制止仿冒之不公平競爭行為，仿冒外國著名商標亦屬於其規範內涵中。又因其為「未經註冊」之外國商標，所以在適用上，將禁止之仿冒商標之行為限制於使用在「同一或同類商品」上，以及該商標須比「相關大眾所共知」更高度知名度之「著名」程度，公平法方予以保護，亦為維持商標註冊主義之精神，以及避免未經註冊之商標反而比經註冊者多一層保護之不公平規定的結果。此乃現實國際經貿談判之環境上，我國始終處於劣勢地位不得不然之立法。然而為維持立法及執法之尊嚴，再加上商標法在八十二年十二月修法時已完全刪除舊法中所有關於該「著名」商標或標章之規定，而新商標法關於商標權之取得更有國際性之立法趨勢，卽增定優先權制度，外國商標之保護更為完善，因此目前只剩下在公平法第二十條第一項第三款關於未經註冊之外國商標之保護中有「著名」之用語。公平法第二十條第一項第三款之對於制止不公平競爭行為之立法目的，同條第一、二款亦同，故第三款實可刪除。若短時間內無法刪除公平法第二十條第一項第三款之規定，本書認為以現行實務運作之方式，以及「著名」「相關大眾所共知」同樣充滿不確定性之特質，至於法院對公平法第二十條「相關大眾所共知」之認定，亦有相當不一致的情況。不妨完全由公平會負責認定及判斷其實質內容，再加上釐清公平

法第二十條之眞正規範意旨及構成要件，則公平會或司法機關在適用第二十條時，不至於產生判斷標準不同，造成人民無所適從之困擾。

第三章 公平交易委員會及司法機關適用公平交易法第二十條之情形

第一節 公平交易委員會適用公平交易法第二十條之趨勢

公平會自成立以來，認定違反第二十條而處分之案例僅有一個，即「腦筋急轉彎案」(注一)。然而公平會受理關於第二十條之案件（包括法院函送鑑定者），約有八十件以上(注二)。公平會對於第二十條之案件採取嚴格之標準，可由觀察其處理案例之方式及執法方向，歸納原因如下：

一、認定「不確定法律概念」之困難

第二十條「相關大眾所共知」之要件，難有一定之標準，正如同中標局對於「著名商標」之判斷一樣，公平會雖已建立一些判斷標準及調查模式，但是仍未有非常明確的原則，本書在第二章第七節就此問題作一討論及分析。因此公平會在適用第二十條時，對於是否該當「相關大眾所共知」採取較審慎的認定方式。

二、「混淆」之認定基準有所偏差

在本書第二章討論第二十條之構成要件時，就「致與他人商品或服

注 一 本案詳見本書第二章第七節第三項，關於腦筋急轉彎案例之分析。
注 二 八十一年二月四日至八十三年五月三十日，共有七十件左右，詳見公平會影像查詢系統之統計資料。

務混淆」之要件，可以歸納出公平會以「價錢差距」、「品質不同」、「市場區隔」、「消費對象不同」等因素，認為眞品與仿冒品之間涇渭分明，不至於使人混淆。故許多案例皆因此而認爲不違反第二十條之要件。實際上將眞品與仿冒品比較，其品質、價錢、銷售地點、消費對象等不同，本爲仿冒行爲當然發生之現象，以該現象作爲不致使人產生混淆之理由，恐有倒果爲因之推論謬誤結果。蓋仿冒之所以受刑事制裁，不僅是其欺騙買受人，而更因其抄襲模仿行爲，沖淡了眞正商標所表彰的價值性，其不藉由自己努力推展銷售商品，而以「搭便車」之方式攀附他人辛苦建立之品牌信譽，此種不正當之競爭手段，損害了他人努力而得之財產法益，也紊亂了競爭秩序。固然人類社會某程度之模仿，有助於文明之進步，然而惡意利用他人既有之商標權或其他商品表徵所表示之商譽及價值，仍爲應受禁止之不當行爲。縱使交易相對人「明知且故意」購買仿冒品，仍然不因而減免其刑責。更不能以此理由作爲「不致使人產生混淆」之理由。

三、以商標法上判斷「商標近似」之標準認定「相同或近似之使用」之要件

公平會常在仿冒商標之案件中，以商標法上判斷商標是否近似之方式，如「隔離辨識」「通體觀察」等原則，判斷是否該當公平法第二十條之「相同或類似之使用」要件。然而公平法第二十條之規範意旨不僅包括禁止商標仿冒之行爲，凡是該當商品或服務主體來源之表徵，具有相當市場經濟力、並爲相關大眾所共知者，皆在公平法保護之範圍內，商標之相同或類似使用只是其中一種形態而已。若使用其他商品表徵之結果，導致交易大眾對產品之主體產生同一來源之混淆或聯想，亦屬於公平法第二十條之規範範圍。因此，以公平會認定「相同或類似之使用」之標準，許多案例便無法該當第二十條之要件。

四、不宜輕率以刑罰規定制裁之

違反公平法第二十條之刑事制裁，為同法第三十五條處以三年以下或併科一百萬元以下之罰金。公平法施行之初，公平會或許認為不宜動輒引用刑事制裁，以免有「不教而殺」之弊。

五、適用第二十四條處分

在許多案例中，公平會在認定不該當第二十條之要件，若該行為的確是具有高度抄襲性或者攀附名聲、搭便車之行為，對公平競爭之秩序仍有影響，而具可非難性，故以第二十四條規定處分之，一樣達到宣示其行為係屬違法之效果。

六、與其他單位之權責分工

公平會與經濟部，在八十一年八月就仿冒案件之處理，進行權責劃分之協商結果，決定被仿冒之商品如為註冊商標或專利案件，由經濟部禁仿小組處理；商標未註冊及物品無專利者，由公平會依公平法處理。惟如仿冒者有多次仿冒記錄，或該仿冒有損國家形象者，得由公平會處理之（注三）。實際上，公平法第二十條之規範客體並不以未經註冊之商標為限，而所謂「有損國家形象之仿冒行為」，如何判定，亦為一個問題。

由上述原因及案例統計數字可知，公平會對於第二十條之案件，是採取較嚴格保守之態度。也因此許多案例，公平會在認定其不能以第二十條規範時，往往試圖另以第二十四條論斷。第二十四條固然有補充適用之功能，然而若該行為已該當第二十條之個別規定，就應以第二十條規範之，而無須引用第二十四條。況且商標仿冒案件需受刑事制裁，此種觀念可說是早植人心，且自六十一年商標法增訂仿冒之刑事制裁規定起，仿冒商標之刑事制裁，在司法實務上，已運作多年，與公平法其他較不具倫理非難性外觀的行為（例如未經許可之聯合行為）相比，仿冒

注　三　協商內容詳見公平交易委員會成立週年工作成果報告，頁二八，八十二年二月。

行爲實無須考慮引用刑罰規定是否適宜之因素。蓋刑罰之適用乃法院之職權，法院依侵害事實及損害法益之大小，自會據以決定刑罰之輕重。況且，於行政院通過之公平法修正草案中，又將第三十五條之刑罰規定改爲「先行政後司法」之方式，以行政罰作爲刑事罰之先決條件之一（詳於第五章論述之）。公平會基於行政機關之職權及功能，應正確的適用法規，無須每逢違法案例，便只引用公平法第二十四條之萬能條款。

第二節　司法機關適用公平交易法第二十條之趨勢

　　公平會自成立以來，認定違反第二十條而處分之案例僅有一個，即「腦筋急轉彎案」。然而法院實務上適用公平法第二十條之案例不在少數，單單由公平會所搜集之司法案例彙編即可查出（注四）。而其中凡有函送公平會鑑定者，若鑑定結果爲不該當第二十條之要件，法院皆以公平會之見解爲理由，作爲判決無罪之依據，或者另以商標法之規定論斷（注五）。法院函送公平會鑑定之案件，除了「腦筋急轉彎」一案外，至今皆沒有完全該當公平法第二十條之實例者。然而是否法院與公平會一樣，對於公平法第二十條採取嚴格之執法態度，而因此無依公平法第二十條判決有罪之案例？依資料顯示，恐怕要採取否定之看法了。

　　由公平會搜集到旣有之案例可知，檢察官起訴書及法院判決書中，引用公平法第二十條者不在少數，多半屬於販賣輸出輸入仿冒商品之類型，而且院檢雙方皆未將該案件函送公平會鑑定。究其可能有數個原因：

　注　四　公平會自成立起接獲法院主動函送關於公平法之判決書，第二十條之
　　　　　案例就有三十一件，實際上法院未函送或檢察官之起訴、不起訴處分
　　　　　書中引用第二十條之規定者，不僅此數，作者本人參與八十三年度
　　　　　四、五月公平會巡迴各地方法院座談時，亦得知此種現象。
　注　五　關於公平法第二十條之案件，法院是否函送公平會鑑定、是否採取與
　　　　　公平會相同之見解等，詳見本書第二章第七節之論述分析。

(一)公平法爲一新法，其構成要件與商標法不盡相同，司法者或許未能明辨之，以爲二者之間乃單純之法條競合關係。

(二)舊商標法第六十二條（第六十三條）流通仿冒商品之行爲，最重刑度爲一年，而公平法第二十條關於流通仿冒品之處罰，依第三十五條最重爲三年以下或併科一百萬元以下之罰金。兩者相較，檢察官或告發人便很容易主張處罰較重之法條，以收嚇阻之效果。法院往往也以「法規競合」原則，以從一重處斷之適用法規方式，引用公平法處斷。

(三)販賣仿冒品之案件，往往罪證確鑿，而且以往大多以罰金論處，被告通常坦承不諱，檢察官或法院無須再做調查或移送鑑定，而可直接依法論處。

(四)函送鑑定費時許久，延宕時日，超過法院之辦案期限。因此多半自行認定是否該當公平法第二十條之要件，直接引用相關法律論罪。

故實務上，引用公平法第二十條之判決不少，然而多半爲販賣、輸出輸入仿冒商標商品之行爲類型，且皆未函送公平會鑑定。可以預知的是若司法者未釐清商標法與公平法之構成要件，在適用公平法第二十條時，仍會發生公平會與法院產生重大差異之現象。尤其八十二年十二月商標法修正後，第六十三條仿冒商品之流通行爲之刑度仍爲一年，而第六十二條使用仿冒商標行爲之刑度已降爲三年，罰金雖提高爲二十萬元，若單純將商標法與公平法視爲法規競合之關係，則與公平法之罰金一百萬元相比較，商標法之規定將永無適用之餘地。

由上述分析可知，法院與公平會對於第二十條適用情形之差異，源自於未對公平法第二十條之構成要件建立正確之認識瞭解，以及認定方式與執法方向的誤解。關於法院適用仿冒行爲之刑事制裁法規之情形，本書將於第四章討論之，而公平會適用公平法第二十條之情形，以認定不成立者居多，然而又有些案例，雖認定其不該當第二十條，卻有以第二十四條處分之趨勢。以下便就既有之案例分析並評論之。

第三節　公平交易委員會以第二十四條作為第二十條之補充適用方式

第一項　第二十四條立法意旨及適用原則

公平法第三章規定不公平競爭之行為，在逐條列舉各種具體的不公平競爭行為之後,於該章最後規定第二十四條:「除本法另有規定者外，事業亦不得為其他足以影響交易秩序之欺罔或顯失公平之行為。」其立法理由為：「本條為不公平競爭行為之概括性規定，蓋本法初創，而不公平競爭行為之態樣繁多，無法一一列舉，除本法已規定者外，其他足以影響交易之欺罔或顯失公平之行為，亦禁止之，以免百密一疏，予不法者可乘之機會。」此種抽象性條文之規定之優點，在於可避免掛一漏萬，而且又可使執法機關針對具體化個案彈性適用，各國競爭法皆有類似之規定,可作為對抗層出不窮、不斷翻新之不公平行為的法寶 (注六)。

我國公平法第二十四條既為抽象性極高之法條，適用上仍有不少亟待釐清之法律問題。此種概括條款與公平法上關於不公平競爭之具體規定是相互補充或者相互排斥之關係？其與自由競爭規範(公平法第二章)之規定間之關係如何？何謂「欺罔」？何謂「顯失公平」？公平會受理過之案例類型為何？有無建立一適用原則或判斷標準？其與公平法第二十條之關係為何?

就第一個問題言之，第二十四條之概括條款，既明定為「除本法另有規定者外」，而非「除本章另有規定者外」之顯失公平行為，由立法

注　六　各國競爭法中關於不公平競爭行為之概括規定，詳見本書第二章第一節之說明；關於公平法第二十四條之研究，可參考公平會委託中研院社科所研究，公平交易法第二十四條影響交易秩序之欺罔或顯失公平行為執行標準之研究，八十二年六月。

體系觀察可得知第二十四條之規定對於第二章、第三章之行爲皆有適用。
再者，其概括條文屬於補充規定，若行爲已該當其他特定條文，則無須
再適用第二十四條。

　　公平法第二十四條係不公平競爭行爲之概括規定，惟公平法第二章
所規範之限制營業競爭行爲，亦有可能涉及不公平競爭，因此公平法
第二十四條之規範範圍非限制於必不包括分類上應屬第二章所規範之行
爲。是以具有不公平競爭本質之行爲，如無法依公平法其他條文規定加
以規範者，則可檢視有無公平法第二十四條之適用。

　　所謂「不公平競爭」，係指行爲具有商業競爭倫理之非難性。所謂商
業競爭倫理非難性，係指商業競爭行爲違反社會倫理，或侵害以品質、
價格、服務等效能競爭本質爲中心之公平競爭。所謂「交易秩序」，係
指符合社會倫理及效能競爭原則之交易秩序，其包括交易相對人間不爲
欺罔及不當壓抑之交易秩序以及不阻礙競爭者爲公平競爭之競爭秩序。
行爲是否構成不公平競爭，可從交易相對人間之交易行爲，以及從市場
上之效能競爭是否受侵害加以判斷。公平會所受理之案件類型中，有不
少是因爲無法適用公平法其他法條，或者其行爲態樣有嚴重之欺罔或顯
失公平之情形，而論以第二十四條，並依第四十一條處分者。然而因爲
第二十四條之高度抽象性及彈性，在適用時應特別注意適當之界線與分
際。

　　以公平會曾處分之行爲類型爲例，包括交易過程中之欺罔或顯失公
平行爲，例如不動產交易契約中出賣人不給予買受人契約審閱之機會；
以及履約條件之不公平，如要求買受人繳回契約書方能領得房屋所有權
狀或鑰匙等（注七）。由於交易雙方議約地位之不平等，從整體經濟發展

注　七　詳見公平會81公處字第053號，上能建設案，公平交易委員會公報，
　　　　第一卷第十一期，頁七；行政法院83年度判字第494號，公平交易委
　　　　員會公報，第三卷第三期，頁一〇五。

及公共利益考量，其交易手段有足以影響交易秩序之顯失公平情事，違反公平法第二十四條規定，公平會依第四十一條予以處分。本案亦經訴願、再訴願、行政法院判決予以維持確定（注八）。再者如契約內容不公平條款（注九）、刻意隱瞞不公平契約條款（注一〇），或者促銷手段欺罔不

注　八　惟有學者對此點採不同意見，其理由如下：

（一）公平法規範目的在維護交易秩序與確保公平競爭，即在維持市場之競爭秩序，其規範對象應限於與市場或競爭有關之行為，並非一切交易行為有不公平之處，即可為公平法之規範對象。公平法第二十四條係一概括之補遺規定，衡諸公平法其他禁制之具體規定與前述公平法之規範目的與對象，其適用之案件類型，應具有涉及營業競爭手段或市場地位（因整體之市場供需結構之不均衡所取得之地位）之特徵，始足當之，即：1.營業競爭手段部分：例如利用「搭便車」、提供不實資訊或搾取他人努力成果等違反「效能競爭」本旨之手段，而妨礙同業競爭者之公平競爭或使交易相對人不能為正確之交易決定等之行為。2.市場地位部分：例如利用其市場之優勢地位（具有相當比例之市場占有率），致使交易相對人不能合理選擇或無從選擇而不得不接受其所提供之不公平的交易條件等行為。

（二）本案訴願人上能公司在收受十萬元定金，預約已成立之狀況下，於履約過程中未予交易相對人充足之閱讀時間，係履約方式未依誠信原則，應為履約方式之不當，係屬違反民法第二百十九條「行使債權，履行債務應依誠實及信用方法」規定之問題。但原處分以訴願人恃其已收定金，購屋者如不續簽契約書，即有可能被沒收定金，所出售之不動產商品具有地域因素及替代性較低之特性，所出售之不動產商品交易金額龐大、內容複雜，而其所擁有之資訊遠較購屋者為多等，即認為訴願人具有市場優勢地位，而未依整體房屋市場供需狀態之結構加以論析，似將契約當事人地位之不對等與市場優勢地位混為一談。綜觀本案，其所涉及之事項與是否合乎「效能競爭」本旨之營業競爭手段無關；亦與濫用市場地位無涉，故其僅是交易過程中衍生之契約履行問題，逕而適用公平法第二十四條，似有不妥。

（三）本案之行為固有不合理之處，惟應依民法第二百十九條誠信原則等規定處理或透過另行制定消費者保護法、不動產交易法予以規範，而非任何交易中有不公平之情形，皆可援用公平法加以規範。詳見前注之公報處分書所附，廖義男之不同意見書。

注　九　詳見公平會82公處字第012號處分書，福特六和汽車公司案，載於公報第二卷第三期，頁十八。但有委員採不同之見解，其理由為：「保證條款上記有以英文為準字義，亦非必有顯失公平或欺罔情事，惟當被檢舉人因具體個案主張以英文解釋其保證條款，且其行為足以對市場競爭秩序有所妨礙，方得考慮是否適用公平法第二十四條。」見處分書所附廖義男之不同意見書。

注一〇　詳見公平會83公處字第003號處分書，智技公司欺罔不實被處分案。

公平(注一一)、以欺罔手段促銷商品(注一二)、促銷廣告內容為虛偽不實引人錯誤之表示(注一三)、假借公益團體名義為行銷手段(注一四)；或者發函與競爭者不當擴張專利商標權之範圍而未明確表示專利權範圍及具體侵害事實(注一五)、指責競爭對手涉嫌仿冒但未明確指出侵害事實及專利權範圍等(注一六)。

由上述案例可知，公平會在適用第二十四條時，是將其視為公平法其他個別條款之補充規定。另外有「攀附他人名聲及商譽」以及「高度抄襲之行為」兩種行為類型及案例，涉及到公平法第二十條與第二十四條之補充適用關係。如前所述，公平會適用公平法第二十條時，往往認定其不該當第二十條之要件，但因其攀附名聲及商譽或者高度抄襲之行為仍屬不公平競爭之行為，而以第二十四條處分之。這種適用趨勢，可在既有之案例中觀察出，以下便就「攀附他人名聲及商譽」以及「高度抄襲之行為」兩種類型適用法條之情形討論之。

第二項　案例介紹及本文評析

第一款　類型一：攀附他人名聲及商譽

第一目　「民營郵局」受處分案(注一七)

注一一　詳見公平會82公處字第075號處分書，柔珮詩國際企業股份有限公司被處分案。

注一二　詳見公平會82公處字第085、086號處分書，民眾申訴瓦斯器材公司以不當手段促銷瓦斯商品案。

注一三　詳見公平會82公處字第053號處分書，統百公司搖錢樹促銷活動構成欺罔行為案。

注一四　詳見公平會83公處字第016號處分書，育民保險經紀人公司被處分案。

注一五　詳見公平會82公處字第041號處分書，影像公司檢舉映象公司案，刊載於公平會公報，第二卷第六期，頁三二。

注一六　詳見公平會第一百三十三次討論案三，日商共立理公司及喬翰公司被檢舉案，83公處字第039、040號處分書。

注一七　詳見公平會82公處字第090號處分書，以及本書第二章第六節使用他人營業或服務表徵之行為之分析。

關於「民營郵局」之名稱使用問題，公平會認定其不違反第二十條之理由在於其在「郵局」之前加註「民營」兩字，應不致使人與郵政總局之官方「郵局」產生混淆，蓋第二十條之規範目的在於防止商品服務來源主體之混淆，此處不致生混淆之情事，故無第二十條之適用餘地。然而其以「民營郵局」名義從事商務文書遞送業務，使用「郵局」等字，爲引人錯誤之表示，違反公平法第二十一條第三項準用第一項之規定，且其所爲係以攀附「郵局」長久以來業已建立之名聲，作爲推銷自身業務之媒介，達其增進自身交易機會之目的，構成足以影響市場交易秩序之顯失公平行爲，違反公平法第二十四條之規定。故公平會命其自處分書送達起一個月內，應立卽在廣告中停止使用「郵局」等字表徵其經營商業文書之遞送業務，或其他足以影響市場交易秩序之顯失公平行爲。

第二目　使用他人藝名作爲商品名稱(注一八)

正揚公司促銷「林強有氧飲料」之行爲，係以積極行爲故意影射其商品爲知名藝人「林強」所推薦，卽所謂故意「搭便車」之行爲。違反公平法第二十四條事業不得爲足以影響交易秩序之欺罔或顯失公平行爲之規定。

本案林志峰先生以「林強」藝名從事演藝事業，依經濟部中央標準局商標異議審定書中，撤銷被檢舉人以同樣名稱申請註冊之理由中，認定「已堪稱爲全國知名之藝人」(注一九)。而正揚公司於「林強有氧飲料」廣告中，以閩南語朗讀林志峰先生首張專輯名稱「向前走」，核其廣告內容，易使人聯想廣告所稱之「林強」卽爲演唱「向前走」乙曲之藝人「林強」，是故其廣告有攀附知名藝人林志峰先生之情事；再者該

注一八　詳見公平會第一百三十三次討論案七，第一百三十五次報告案九，83公處字第046號處分書。

注一九　詳見中標局82年中臺異字第 821062 號商標異議審定書，本書第二章第三節第二項案例分析之內容。

事業以「林強」附加於其生產之飲料罐上銷售，其海報、宣傳廣告方式，諸如「林強祝你健康快樂」，並以草寫字體標示該名稱，其積極行為使人產生該飲料商品與林強藝人有關。

本案公平會認定被檢舉人之行為應無使人對商品主體產生混淆之可能，而不該當第二十條之要件，本書已在第二章第三節「使用他人姓名作為商品表徵之行為」討論之。然而公平會以被檢舉人之積極行為攀附名聲為理由，已構成足以影響交易秩序之欺罔及顯失公平行為。符合第二十四條欺罔或顯失公平之行為，以第四十一條處分之。

第二款　類型二：高度抄襲之行為

第一目　仿製飲料空罐之外觀圖形之行為（注二〇）

本案被檢舉人雖非飲料業之製造者或販賣者，而僅係製罐業者，惟其未經授權在空罐上惡意抄襲綠力系列飲料外觀之行為，顯然係以違背善良風俗之方法加損害於味丹公司，誠具社會倫理之非難性及可責性，嚴重影響正當交易秩序，故核其所為，已違反公平法第二十四條規定。

第二目　商品廣告及標示使人誤認原品牌之生產公司已變更（注二一）

玖順公司之廣告及外盒標示，係意圖使原購買或可能購買雙鶴品牌之消費者誤認雙鶴公司及雙鶴品牌靈芝等產品已不復存在，或已變更為玖順公司及玖順品牌，進而購買玖順品牌產品，且對大多數潛在消費者而言，應足以造成此一誤認之效果，此種行為應已構成公平法第二十四條所稱之「欺罔」行為，而且該欺罔行為具有使原購買雙鶴品牌產品之消費者轉購玖順牌產品，或使大多數潛在消費大眾購買玖順品牌產品之效果，而一旦發現雙鶴品牌產品仍在多層次傳銷市場行銷時，必然心生

注二〇　詳見公平會第一百二十三次討論案二，味丹公司檢舉全聯金屬仿製其飲料空罐案，以及公平會83公處字第018號處分書。

注二一　詳見公平會委員會議第一二三次討論案一，雙鶴公司申訴玖順公司案。83公處字第026號處分書。

疑惑及混淆而變得無從選擇，因此，玖順公司上開廣告及外盒標示之行為，應係一足以影響交易秩序之欺罔行為，故亦已該當違反公平法第二十四條之規定。

第三目 仿造類似之商品造型及外觀之行為(注二二)

本案涉及公平法與專利法，以及公平法第二十條第二十四條之適用等問題，相當值得討論，因此本書以較詳細之篇幅研析之。

一、事實摘要

(一)公平會認定該商品外觀表徵已為相關大眾所共知

公平會之認定依據有：

1.公司成立及銷售貨物時間

美商高仕公司創立於西元一八四六年，其行銷「CROSS」包金筆與亮鉻筆，已逾百年，且早於六十年九月一日即在中華民國取得商標專用權。

2.市場占有率

公平會以「原子筆」、「鋼筆」為特定市場分別計算美商高仕公司臺灣總代理商臺北分公司八十年、八十一年之市場占有率均超過三‧五％以上，在特定市場之排名亦列七名之內。而鋪貨地點廣及國內各地之百貨公司、文具店、專賣店及精品店等。

3.公平會製作問卷之結果

公平會所製作之問卷中有八五％受訪者均能單以外型觀看高仕公司所生產之14K包金筆與亮鉻筆，即指出為「CROSS」品牌之產品，可知無論就其知名度、推出市場時間、廣告促銷程度、市場占有率、銷售情況及相關大眾之印象等，足認美商高仕公司之「CROSS」商標及其包金筆與亮鉻筆之外觀等表徵在市場上具有相當知名度，為相關大眾所

注二二 詳見公平會第一百一十一次討論案五，高仕金筆案。

共知。

(二)相同或類似之使用、致使人產生混淆

惟就被告等所製售之仿型筆是否爲相同或類似之使用，致與高仕筆產生混淆，公平會卻採否定之見解。依公平會所舉行座談會及問卷調查結果顯示，依一般整體之觀察，有五四％之受訪者認爲「CROSS 14K包金筆與亮鉻筆」與被告等所產銷之筆類是相同的，四六％之受訪致認爲兩者並不相同；然在通常情況下，卻有八五％之受訪者認爲二者不致誤購。究其原因不外是被告等所產製之筆類上並無「CROSS」商標，二者之重量、成色、材質、價格等不同及此類單價高之商品自會較注意品牌等之因素。

二、公平會認定其不違反第二十條及第二十四條之理由

(一)公平會認爲該商品之外觀表徵，已達相關大眾所共知之程度，且有相當比例之消費者觀看其外觀即能指出高仕品牌；然而因爲二者產品之價格、材質、成色仍有不同，高仕筆之價格較高，購買者皆會仔細辨認，故不至於產生混淆之情形。故不該當第二十條之要件。

(二)於是否涉及公平法第二十四條部分：公平會認爲金、銀筆身業爲筆類製品所習用，一般人難以僅因金、銀筆身即與商品來源產生聯想。而被告等所產製之筆類，就其外觀、重量、表面處理、顏色、材質、價格、商標等，皆與「CROSS」筆有所差異，一般人施以普通之注意即足以區別。復因「CROSS」筆之交易對象藉長期資訊、經驗之累積，對該等商品之商標、價格、品質、外型等具備特殊之注意及區別能力，尚不致引起混淆誤認，自不應認有欺罔或顯失公平情事。又由於本案被告稱其商品皆爲外銷，兩者間之銷售對象、市場並未一致，且相關交易大眾並無混淆誤認之虞，故認爲被告之行爲並未對高仕公司之財產或聲譽造成損害，或造成足以影響交易秩序之情事。因此，未以公平法第二十四條處斷之。

(三)不同意見書：關於本案，另有公平會之委員提出不同意見(注二三)，其認為商品之形態或表徵，所以受公平法保護，乃因該商品經由持續不斷地為廣告、宣傳、販賣促銷等企業活動，使相關大眾從其商品之形態或表徵，即可聯想其商品之主體與來源。因此為避免此相關大眾所共知並顯示係特定主體與來源之形態或表徵，受他人為相同或類似之使用而引起混淆，遂有公平法第二十條保護之設。專利法保護專利權之重點，在於技術性思想的創作，而公平法保護者著重該商品形態或表徵所表現之商品主體及來源的功能。至於享有新型或新式樣專利權之商品，其形狀構造、花紋或色彩，並未使人與其商品主體或來源產生聯想，或未達「相關大眾所共知」之程度者，則不該當於公平法保護之要件。故公平法與專利法兩者保護法益並不完全相同。

商品之形狀構造、花紋或色彩，縱未依專利法申請新型或新式樣，或者因專利法之保護期限已過，但因該商品之整體造型或表徵已達相關大眾所共知之程度，使消費者一看到該特定商品造型或表徵即能聯想到該商品之主體來源，則非不得受公平法第二十條之保障。若他人之同類商品欲為類似之使用，則應參照公平法第二十條第三項附加足以使人區別辨識之適當表徵，如不為此區別而刻意模仿，致客觀上足以引起主體混淆者，此種模仿行為，不能以其模仿之客體形狀、色彩等已不受專利法保護而屬公共財，即可不受公平法之規範。蓋公平法所欲防範者，為足以引起商品主體或來源混淆之危險。從而不能以商品之形狀結構合於實用新型或花紋色彩適於美感新式樣，可申請專利而不求專利法之保護，即因此亦否定其受公平法之保護。

依不同意見書之見解，本案被仿造之商品，其形狀、色澤、花紋及式樣構成之整體，既已達「相關大眾所共知」其商品主體與來源之程

注二三　詳見公平會第一百一十一次 討論案五 決議所附，廖義男之不同意見書。

度，而被告生產之商品刻意模仿，有使人誤認其商品主體來源之虞，應視爲違反公平法第二十條第一款之規定。

三、本案評析

就本案商品之外觀表徵，公平會認定其已達相關大眾所共知之理由，可資贊同。然而其認爲「不至於造成混淆」之理由則容有疑慮。蓋第二十條本條之規範目的，在於避免商品表徵所表彰之主體來源產生混淆，影響交易及競爭秩序。而此處之「混淆」不僅是使交易相對人產生混淆，而應是使一般消費者於看到該產品時，不能分辨其主體來源之異同，或者對二者產生法律上或經濟上關聯之聯想。正如同仿冒之可責性，不因爲出賣仿冒商品者以及買受人明知該商品爲仿冒品而減少或免除；再者仿冒品與眞品之價格差距，以及銷售市場、對象皆有區隔，本是仿冒行爲之附隨現象，不能倒果爲因，因此認爲二者涇渭分明，無「致使人混淆」之情事。而交易相對人於購買時會依其注意能力及消費習慣，辨識商品之品質、商標等，這也是一般消費習慣常見之現象，並非只有某特定消費群才會如此。第二十條之「相關大眾所共知」，固然係指與該商品或服務具有特定關係之特定消費者。然而在判斷是否引起混淆誤認時，應不能僅以該特定消費群爲判斷對象。因爲該特定消費群既然對該等商品具有相當之使用習慣及辨識能力，甚至在商品外觀完全相同之情況下，有經驗之消費者亦可能辨識出眞品與仿冒品二者之差別。實際上公平會在處理第二十條之案件時，有相當多之案例皆是以此理由認定其不該當「致使人混淆」之要件。如此之執法標準，導致第二十條無法發揮其功能之結果。

公平會就此類高度抄襲之案例，因爲認定方式的偏差，而認爲尚不致混淆、誤認，不以第二十條處斷之。惟該抄襲行爲仍因顯失公平，沖淡被抄襲商品表徵之顯著性，減損相關大眾與之交易之可能，進而削弱在所屬特定市場之競爭力，故抄襲仿製行爲實已足以影響市場競爭秩

序，以及違反社會通念及商業倫理，仍有可非難性，故公平會「退而求其次」的以第二十四條宣示其非法性。 將第二十條備而不用的結果，商標仿冒案件僅能以商標法尋求保護，其他具有市場經濟實力之商品包裝、外觀等表徵，便無法受到保護。此與當初訂定公平法第二十條之目的，恐怕背離過遠了。

第四目　仿製鞋型外觀之行為(注二四)

一、事實概要及公平會之研析意見及處分理由

被處分人所製造之運動鞋外觀造型，與檢舉人所生產者相仿，公平會認為其行為並不違反第二十條， 但違反第二十四條之規定。 理由如下：

(一)公平法第二十條第一項第一款部分

　1.鞋型外觀不足以構成商品之表徵

公平會認為運動鞋之外觀鞋側面有三條線、 四條線及五條線之構圖，及透氣孔，鞋帶以D型扣圈繫綁，此部分業經中央標準局認定鞋側面裝飾花邊及補強鞋翅之圖形花邊，均非屬商標範疇。故其外觀無法構成區別各品牌運動鞋之具體表徵。

　2.不致使人產生混淆

公平會認為消費者藉由消費經驗會另以商標、製造者為選擇因素，施以一般人之普通注意即可輕易區別。且系爭二品牌之消費市場及消費群不同，購買者不至於有對商品來源產生混淆之情事。

(二)第二十四條部分

因被檢舉人所為， 一成不變全盤抄襲他人商品外觀， 搭便車之行為，顯然違反第二十四條之規定，故以第四十一條規定處分之。

二、本案評析

注二四　詳見公平會第一百三十三次討論案五，K-SWISS 公司檢舉案。

(一)公平法第二十條之「表徵」問題

就本案系爭運動鞋之外觀及造型,公平會認定其不具第二十條之「表徵」理由為:「中標局認定鞋側面裝飾花邊及補強鞋翅之圖形花邊,均非屬商標範疇,故該外觀顯然無法構成區別各品牌運動鞋之具體表徵,而鞋頭及鞋頂面之縫製法因以涉及製造技術層面,亦難以『表徵』論列。」然觀其所採證引用之中標局函件(六八臺商陸字第二○○七八一號,六十八年二月五日),申請解釋之申請人雖並非本案之當事人,中標局函復之內容為「貴公司所送運動鞋三隻,其鞋面兩側之三線條裝飾花邊、箭頭花邊及補強鞋翅之圖形花邊,均非屬商品表徵之範疇,應不受他人註冊或審定商標之拘束。」惟是否可依此函認定「所有」運動鞋之側面線條、花邊及補強鞋翅之圖形一律非屬商品之表徵範疇,亦即,中標局該函之效力是否與確定判決一樣,具有拘束所有案例之效力?

關於運動鞋之鞋面兩側線條裝飾等,中標局認定其非屬商標範疇,考其原因為其並不構成區別各品牌運動鞋之具體表徵。原先在六十七年七月以前,於鞋類商品中以線形圖樣申請註冊者,除不具特別顯著要件及顯為一般鞋靴商品本身通用之形狀或有其他違法之情事者外,中標局均認為無商標法第三十七條第一項第十款之適用(商標有左列情形者之一者,不得申請註冊:……十、凡文字、圖形、記號或其聯合式,係表示申請註冊商標所使用商品之說明或表示商品本身習慣上所通用之名稱、形狀、品質、功用者),而予以核准或審定為異議不成立。嗣因經濟部於六十七年四月間先後以經(六七)訴一二一四七、一二二一○、一二二五六等十件訴願決定書指明「以鞋面某部分之圖形申請註冊者,應有違商標法第三十七條第一項第十款之規定」而將中標局所為異議不成立之審定撤銷。中標局嗣後研究乃決定此後凡有上述情形申請註冊者,均以前述法條予以核駁 (注二五)。K-SWISS 公司實際上可能亦因得

注二五　詳見司法院第四廳編印,商標行政訴訟之研究,下冊,頁四七七~四八○。

知中標局關於適用運動鞋外觀申請商標註冊之案例的慣例而預知結果，故未曾就該項表徵向中標局申請商標註冊登記。惟商標乃經濟社會之產物，具有社會化之屬性，若以行政機關之釋示，硬性規定以「線條圖形」申請註冊於鞋類一概不准，難免有拘泥之弊。實際上中標局就曾以公告方式指示一般人民自卽日起不受理「數字」商標註冊之申請(注二六)。況且所謂「商品本身習慣上所通用之名稱、形狀」，本會因商品之使用情形、市場接受程度以及商業習慣等原因而形成，在判斷某表徵或圖形是否得爲註冊商標時，應衡量社會現況及經濟發展情形之因素加以考量。

　　至於公平法第二十條之適用客體，本就不僅只有「商標」而已，尙包括「商號、公司名稱、商品容器、包裝、外觀及其他顯示商品或服務之表徵」。因此在認定系爭運動鞋外觀是否爲公平法所稱之「表徵」時，雖可採取中標局對商標認定之看法，因該外觀顯然無法構成區別各品牌運動鞋之具體表徵，而認定非屬商標法中所稱之「商標」。然似應再就是否該當公平法第二十條第一款「其他商品之表徵」而爲判斷。如，其運動鞋之整體造型，是否已該當同條款之「相關大衆所共知之顯示商品之表徵」，檢舉人之仿製行爲是否「致與他人之商品混淆」？

　　公平會並未就本案系爭商品是否爲「相關大衆所共知」及其他要件爲認定及判斷，乃因一開始卽認爲該表徵非屬商標法上所稱之「商標」，再以消費者可藉由消費經驗，以商標、製造者爲選擇因素，施以一般人之普通注意卽可輕易區別兩者商品，又經過市場調查，認爲系爭二品牌之消費市場及消費群不同，購買者不至於有對商品來源產生混淆之情事，故認其不符合公平法第二十條之規定。雖然縱使公平會認其商品整體造型，屬第二十條所稱之「商品外觀」，若因其他要件如「相關大衆所共知」「致與他人商品混淆」仍不符合，而無公平法第二十條之適用

注二六　詳見前注，頁四八〇。

者，結論可能相同，但在認定構成要件之順序上，可能有值得斟酌之餘地。固然中標局爲商標註冊之主管機關，基於行政專業分工之尊重，中標局關於商標之審議認定有一定之拘束力，惟公平會爲公平法之中央主管機關，於執行公平法時應考量「不公平競爭」之因素，尤其第二十條本質上之立法意旨與商標法本不盡然完全相同，於適用時不應拘泥於商標法的適用模式。況且商標法修正後，第五條將商標之定義爲「足以使一般商品購買人認識其爲表彰商品之標識，並得藉以與他人之商品相區別。」而且增加次要意義之規定「凡描述性名稱、地理名詞、姓氏、指示商品等級及樣式之文字、記號、數字、字母等，如經申請人使用且在交易上已成爲申請人營業上商品之識別標章者，視爲具有特別顯著性。」(商標法第五條第二項)因此，許多以往被認定爲不屬於商標之商品表徵，依新商標法，仍有可能申請到商標專用權之可能。實際上商標法爲不正競爭法之一環，其對於商品表徵之保護規範意旨是相同的，商標法之執行應該隨著經濟現況，注入防止不正競爭之觀念，而不是以商標法之既有概念限縮公平法第二十條商標、商品表徵等客體之適用範圍。

(二)公平法第二十條第一項第三款之規定

　　值得討論的是，本案是否該當公平法第二十條第一項第三款「於同一或同類商品，使用相同或近似於未經註冊之外國著名商標」。本案系爭商品之鞋面兩側之五條線之構圖，於一九七六年在美國亦視爲商標而依商標法登記，另外日本於一九八六年、印尼於一九八九年、西班牙於一九九〇年、韓國於一九九〇年均已註冊登記爲商標。其未經我國註冊，乃因依我國商標法認定該表徵不具商標之要件，已如前述。本條款雖保護「未經註冊之外國著名商標」，其仍以依我國商標法認定其爲「商標」者爲限。縱使該商品之表徵已依外國法認其爲商標之範疇，然我國商標法之特色係採註冊主義、先申請主義及屬地主義，若爲未經註冊之國內

外商標，於中華民國領域內，並無商標專用權，亦不受我國商標法之保護。因此在我國被認爲不該當商標法上之「商標」者，即不在商標法保護範圍之列。況且亦須具備「著名」之條件，才能以公平法第二十條第一項第三款保護之。而所謂「著名」商標，以往之見解皆認爲係指他人商標所使用之商品或服務，具有良好聲譽，悠久歷史以及廣泛行銷之事實，在中華民國領域內，爲一般人所共知而言。此有大法官釋字第一〇四號解釋可資參照(注二七)。

關於外國著名商標之保護，原規定於修正前之商標法第六十二條之一，條文內容爲「意圖欺騙他人，於同一或同類商品使用相同或近似於未經註冊之外國著名商標者，處三年以下有期徒刑、拘役或科或併科三萬元以下罰金。」八十二年十二月商標法修正時，已將第六十二條之一關於外國著名商標之保護規定刪除，其修正理由即爲「因公平法第二十條第一項第三款已有規定」。有關仿冒外國著名商標之制裁與仿冒本國商標之制裁，雖同爲關於商標仿冒之刑罰規定，本應置於同一法中，爲維護商標法中註冊保護制度之原則，而將仿冒未經註冊之外國著名商標刑罰部分抽離出商標法，而改置於公平法中。因爲仿冒未經註冊之外國著名商標，亦爲違反公平競爭秩序之行爲，將其置於規範交易秩序與公平競爭之公平法內，在立法體系上亦較妥當。然而依本書第二章第七節第四項所分析，「著名」與「相關大衆所共知」之涵義雖有二種不同學說見解，然而就實務運作所建立之判斷標準分析，二者在實質意義上並無差距，反而「相關大衆所共知」比「著名」成立之條件更爲嚴格。若爲維持商標註冊保護主義，以及避免未經註冊之商標反而比已經註冊

注二七 大法官釋字第一〇四號之解釋文爲「商標法第二條第八款所稱世所共知，係指中華民國境內，一般所共知者而言。」另關於商標之「著名」問題，可參考曾陳明汝，世所共知（著名）標章之保護，收錄於氏著，專利商標法選論，七十九年九月；李桂英，從商標法及公平交易法論著名商標之保護,中興大學法律研究所碩士論文,八十二年一月。

者多一層保護之不合理現象，對於現行法未經註冊之外國著名商標之保護，在適用上須經迂迴之解釋方能達到目的；加上商標法又已刪除「外國著名商標」之保護規定，現存有「著名」之用語者，僅在公平法第二十條第一項第三款殘留有「未經註冊之外國著名商標」之規定，不僅在適用上易生疑慮，其規範目的及立法意旨以公平法第二十條第一二款實可包括及之，因此，本書認爲第二十條第一項第三款之規定實可刪除。

　　實際上在商標法中就商標之保護擴及未經註冊之外國著名商標，在立法體系上有破壞商標註冊主義之保護原則之缺點。民國六十八年首次增定商標法第六十二條之一關於未經註冊之外國著名商標規定，立法時即受到強烈批評，立法委員認爲外國商標保護之保護應以互惠爲原則，否則是自降國格(注二八)。故立法院在表決時在商標法第六十二條之一第二項增加互惠條款之規定：「前項處罰，以該商標所屬之國家，依其法律或與中華民國訂有條約或協定，對其在中華民國註冊之商標予以相同之保護者爲限。其由團體或機構互訂保護商標之協議，經經濟部核准者亦同。」惟自八十二年十二月修正商標法後，商標法第六十二條之一已刪除，有關外國著名商標之保護僅有公平法第二十條第一項第三款之規定。而公平法第二十條並無關於互惠原則之規定，但在同法第四十七條則有「未經認許之外國法人或團體，就本法規定事項得爲告訴、自訴或提起民事訴訟。但以依條約或其本國法令、慣例、中華民國人或團體得在該國享受同等權利者爲限；其由團體或機構互訂保護之協議，經中央

注二八　我國對外國著名商標保護之由來，可追溯自六十八年中美雙邊貿易談判時，美國主張該國之著名商標卽使未到我國註冊，我國政府亦應予以保護。談判結束後，國貿局卽建議修改商標法時增定該條款。其立法理由則爲「爲免一般消費者受欺愚，並有效遏止仿冒夙著盛譽，未經註冊商標之行爲，以維護商業信譽，特增訂本條，資爲處罰之依據。」由於美方壓力，及國內廠商在國際間發生仿冒商標專利之案件，招致外人強烈抗議，修正案三十日內之快速通過。見立法院公報，第七十二卷第三十四期，頁一四一以下；另參看經建會經社法規小組，中美經貿談判有關法律問題之研究，頁四四五。

主管機關核准亦同。」之規定，其亦爲互惠原則之適用。雖然公平法第四十七條之規定在規範未經認許之外國法人或團體之是否具有訴訟當事人之適格問題，然在解釋第二十條第一項第三款有關未經註冊之外國著名商標之保護時，亦應以互惠原則爲適用基礎。

（三）公平法關於互惠原則之適用

公平會及法院對於互惠原則之適用，亦有如此之見解。在公平會第八十二次會議決議通過之公研釋第○五四號解釋，認爲1.公平法規定之事項可涉及民事、刑事及行政事務。與民事、刑事事務有關的事項，其審判之權責機關爲司法機關，因此，爲民事刑事案件而有依本法第四十七條之規定，認定外國法人是否有本法之適用，由司法機關認定之。反之，與行政責任或行政保護有關之事項，本會爲其審理之權責機關，故爲行政案件有必要認定外國法人依本法第四十七條是否有本法之適用時，由公平會認定之。2.按公平法第四十七條規定:「未經認許之外國法人或團體，就本法規定事項得爲告訴、自訴或提起民事訴訟。但以依條約或其本國法令、慣例，中華民國人或團體得在該國享受同等權利者爲限；其由團體或機構互定保護之協議，經中央主管機關核准者亦同。」（互惠原則）而我國與日本間關於公平法有關保護事項，並未締有條約或其他協定、協議。然依日本不正競爭防止法第三條，對於不具巴黎公約同盟國國籍之外國人，以在日本不正競爭法規施行地區內設有住所或營業所者爲限，始提供該法相關之保護。故日本國民或未經認許之日本法人、團體也必須在我國境內設有住所或營業所者，始得享有我國公平法之保護。公平法第四十七條雖僅對「告訴、自訴或提起民事訴訟」加以規範，而未及於「行政責任或行政保護」有關之事項，但衡諸公平法第四十七條關於外國法人或團體之法律保障，採互惠原則，該條對於民事、刑事以外之行政事項，亦應有該條揭示之互惠原則的適用。是以，就日本法人或團體在我國未經認許者，是否得依公平法

請求行政保護，應由公平會本諸互惠原則，準用公平法第四十七條認定之。

　　至於法院對於互惠原則之適用，則呈現有趣之情況。在民事案件部分，臺中地方法院八十二年度訴字第一七八號民事判決(注二九)，就某日商公司依民法第一百八十四條第一項後段及公平法第二十條提起之損害賠償請求權之訴，法院以公平法第四十七條之規定，認爲日本與我國並無互惠原則之適用規定，而駁回原告之請求。

　　在刑事判決部分，則有截然不同之見解。臺北地院八十二年度自訴字第一五一號刑事判決中認爲，自訴人乃依美國法律登記成立之法人，惟在我國境內並未依公司法之規定登記。按自訴人以自然人或法人爲限，未經依法註册之外國公司，旣無法人資格，以公司名義委任代理人提起自訴，應不受理(注三〇)。然而本判決中法院援引公平法第四十七條之規定以及中美友好通商航海條約第六條第四款及臺灣關係法，認爲該自訴人在中華民國雖未經認許，仍有告訴及自訴能力。

　　3.公平會就本案另以行爲人違反公平法第二十四條，而依第四十一條處分之。此種「高度抄襲」、「搭便車」之行爲，公平會在考慮適用第二十條或第二十四條時，可以明顯看出，偏向以第二十四條規範之。其理由爲公平法第二十條之認定嚴格，構成不易。而其抄襲行爲又具有高度可非難性，因此以第二十四條適用之。惟第二十四條實爲補充規定，在個別要件足以滿足適用時，無須再引用第二十四條之規定。

注二九　談判決全文可參閱公平會編印，公平交易法司法案例彙編㈠，頁三二，八十三年三月。
注三〇　司法院20年院字第533號函解釋。

第四章 公平交易法與其他制裁 仿冒行爲規範之比較

第一節 仿冒行爲之刑事制裁適用法條之情形

第一項 規範仿冒行爲之核心刑法與附屬刑法

由於刑事立法技術上，不可能將所有刑法條款毫無遺漏的規定在一完整的核心刑法（Kernstraftrecht）中。某些行爲類型特別複雜，普通刑法雖有刑罰規定但不完整，或者隨著社會演變產生的新犯罪形態，普通刑法不及修訂，因此在刑法法典之外，有些刑罰條款便分散規定，在各種民商法、行政法、經濟法、財稅法中，直接就某些重大犯罪行爲而爲規定，以補刑法之不足。此種分散於其他不具刑法法典外觀的刑法條款，因其具有刑法之本質，故在原則上亦適用刑法法典所規定之一般原則，有如核心刑法之輔助性刑法，共同發揮刑法制度之功能，故稱之爲附屬刑法（Nebenstraftrecht）(注一)。但是附屬刑法規定在不具刑法外形之法律中，往往遮蔽了刑罰之威嚇性，而爲社會大衆及司法者所忽視，減低了其預防及規範功能。因此，對於犯罪形態已趨明顯，且違犯率較高之附屬刑法，宜將之移至主刑法法典中，或據以修改原來刑法

注　一　關於附屬刑法之問題，參閱八木胖著，賴硃隆譯，行政刑法，法學叢刊，第十二期，頁一○○；林山田，論制裁法之體系，刑事法雜誌，第三十卷第一期，頁一～三○；林山田，論特別刑法，輔仁法學，第四期，頁二三。

之規定，使其成為核心刑法之一部，提高防制效果，以配合社會現況及維持立法體系之完整。

對於同一犯罪事項，例如普通刑法之竊盜罪與森林法中的盜林罪，同為竊盜之犯罪，但卻同時有核心刑法與附屬刑法規範。仿冒商標之行為亦有此種情形。原本刑法第二百五十三條已有規範仿冒商標之行為，而在商標法中亦有關於仿冒商標之刑事制裁規定。商標法第六十二條仿冒刑事制裁之立法背景，乃因六十一年中美貿易及智慧財產權談判時，美方認為我國仿冒情形嚴重，而要求我國修正商標法，實施杜絕仿冒之種種措施等。以刑法第二百五十三、第二百五十四條等簡單規定無法完全規範多種仿冒行為。因此六十一年首度於商標法中增訂仿冒行為之刑事制裁規定，將仿冒行為類型化並且明定應懲罰之仿冒行為範圍。之後商標法經多次修訂，第六十二條等相關處罰規定，行為形態不變，刑度卻隨之提高至五年。直至八十二年十二月二十二日最新修正之商標法，將刑度改為三年。公平法在八十一年二月四日正式施行後，第二十條規定各種類型之仿冒行為，不僅及於商標之仿冒，而且及於商號、公司名稱、商品之外觀、容器、包裝及其他顯示商品或服務營業之表徵。其保護之條件又須符合「相關大眾所共知」、「相同或類似之使用」、「致與他人商品或服務混淆」等要件。關於仿冒商標之各種刑事制裁法律之間的關係愈趨複雜。由實務上判決可知，法院針對仿冒商標行為，往往同時引用商標法及公平法，而以「法規競合」或者「特別法優於普通法」之原則適用其中刑罰較重之法條，而不論其構成要件是否相同或者規範意旨所在。以司法者之專業知識皆不能釐清此種複雜不清、保護尺度不明的法規，何況是不具法律專業素養的人民？此種多重法規疊床架屋、即興立法而造成的法規紊亂現象，在我國已屬常見之現象。

本章將針對仿冒行為之刑事制裁規定，以刑法、商標法之規定作為分析之對象。目的在於釐清各法規之構成要件及立法意旨；並且就法院刑

事判決適用此種法規之情形，加以評析及研究。最終當然是希望能解決公平法第二十條與商標法、刑法之適用關係，尤其商標法甫經修訂，刑罰規定亦是大幅修正之範圍；經行政院院會通過之公平法修正草案中，關於仿冒之刑事制裁又有「先行政後司法」之趨勢（注二），因此，本書將仿冒行為之刑事制裁規範作一整體總覽的分析，並輔以實務運作之判決探究之。或許能在日後執行該法及修正法典時，作為參考之依據。

第二項　法規競合之適用原則

第一款　法規競合之意義

當一種仿冒行為構成犯罪，卻同時該當公平法與商標法、刑法等刑事制裁規範時，即造成所謂的法規競合。法規競合（Gesetzeskonkurrenz）係指對於同一構成犯罪事實的行為，同時有數個該當而可以適用的構成要件，僅適用其中一個最妥適之構成要件定罪科刑即為已足，其他該當的構成要件，即被排斥而不適用；否則，在定罪科刑時，若對於具有重疊現象之構成要件均予適用，即抵觸「雙重評價禁止」（Doppelbewertungsverbot）原則，造成一罪數罰的現象（注三）。由於構成要件在適用上顯現之重疊現象，就外型觀之，好像有數個刑罰條款競合在一起，故早期在學說上稱之為「法規競合」，而沿用此一名詞。實際上，對於一個同時有數個構成要件可資適用之可罰行為，只要適用其中一個構成要件定罪科刑，即足以宣示該行為之全部非價內容，而排斥其他該當構成要件之適用。就實質層面而言，法規競合只涉及到數個構成要件間之選擇適用問題，其乃自然概念下之單純一罪，與罪數問題無

注　二　關於公平法修正草案中，將違反公平法之制裁修改為「先行政後司法」之方式，產生之問題之影響，本書將在第五章討論之。

注　三　參考 Baumann J., *Straftrecht, Allgemeiner Teil*, 9. Aufl, 1985, S. 660.

關，亦非數個構成要件競合在一起而爲刑罰裁量。將此種現象稱爲法規競合實屬誤導，宣稱爲「法規單數」(Gesetzeseinheit)，用以表示法律並非競合在一起，而是構成一個單數 (Einheit) (注四)。惟因法規競合（法律競合）一詞沿用多年，故本書仍舊使用之。

第二款 法規競合之形成原因

造成同一個犯罪事實卻該當數個構成要件之法規競合的現象，有許多形成原因。就立法與刑事司法適用過程觀察，刑事立法係將欲規範之犯罪行爲，抽象化與條文化之後，使用構成要件要素描述犯罪事實，而制定構成要件。同一類型的各種不同犯罪，通常有基本構成要件，及以基本要件爲基礎經修正而成之加重構成要件及減輕構成要件而爲規定，例如刑法第三百二十條竊盜罪及第三百二十一條加重竊盜罪。因此後者之變體構成要件均包括基本構成要件要素，故會形成構成要件部分重疊的現象。再者爲求立法周全，避免法律漏洞，在設計構成要件時，亦有分別就行爲階段（預備或著手實行）或法益保護之程度（危險或實害）而爲規定者，如刑法第二百七十一條第一項殺人罪與第三項預備殺人罪。故可能制定出重疊現象之構成要件。同時除了就個別情狀制定個別構成要件外，尚有就一般概括性之情狀制定概括構成要件，以塡補個別構成要件間可能存在之漏洞，故亦形成個別構成要件與概括構成要件之重疊現象，例如刑法第三百零四條強制罪與第三百零五條恐嚇罪之關係。當然亦有可能由於立法者之疏忽，未察覺旣存規範之功能及範圍，而隨性或重複制定同一構成要件之情形。在刑事司法上適用構成要件之過程，係將抽象化的條文還原涵射到構成犯罪事實。由於抽象化的條文有較廣之涵蓋範圍，在判斷構成犯罪事實有無該當構成要件時，可能發生數個構

注　四　今日德國刑法學說，大多稱爲法律單數，而不再稱爲法規競合，參閱 Wessels, *Grundfrage der straftrechtlichen Konkurrenzlehre*, in *JUS*, 1990, S. 249; Jescheck H., *Lehrbuch des Strafrechts, Allgemeiner Teil*, 4, Aufl, 1988.

成要件重疊皆可適用之情形。此乃由刑事立法及司法過程中產生法規競合之原因。

　　數個法條形成法律競合之情形，直至適用法條時始發生，欲確定彼此間之關係，只能經由解釋形成法規競合之各個構成要件範疇，以及正確地將之涵涉到犯罪構成事實，來判斷應適用何法規；立法者無法預作判斷，或以法條明確地規定解決法條競合之方法，因此立法者乃放棄對於法規競合之條文規定，而委由學說判例解決 (注五)。由此可知，對於可能規範同一犯罪行為之數個法條，構成要件的釐清和正確適用，才是解決法規競合之方式。而藉由劃清各構成要件的適用範圍，更能提供立法者在修法或制定新法時，一個清楚而正確的輪廓，而避免錯誤立法的出現，亦減少司法者及學說收拾殘局的困擾。

第三款　法規競合關係之適用原則

　　一個行為之不法內涵，依數個構成要件之文義，均可加以掌握之情狀，即有法律競合之問題。是否為法規競合之判斷標準，乃依行為人所破壞之法益，以及為保護這些法益所設計之構成要件而定。至於形成法律競合之數個構成要件之間到底為何種關係，在定罪科刑上何者為應予首要適用之構成要件，何者為被排斥而不適用之構成要件，兩者之適用關係，依據通說之見解，計有：特別關係、補充關係與吸收關係等三種關係 (注六)。

注　五　參照 Schneider, Inweieweit ist es möglich und empfehl-
enswert, die Art der Konkurrenz zwischen mehreren
Straftatbeständen im Gesetz auszudrücken? in: *Material-
ien zur Strafrechtsreform*, Bd I, S. 229; *Entwurf eines StGB
1962 mit Begründung*, S. 191.

注　六　參見 Baumann/Weber, AT. 1985, S. 660 f; Geppert: Grundz-
üge der Konkurrenzlehre, in: *Jura*, 1982, S. 421; Wessels J.,
Strafrecht, Allgemeiner Teil, Die Straftat und ihr Aufbau, 20,
Aufl, 1990, S. 249; 林山田，刑法通論，頁四七二～四九七，八十二
年八月，增訂四版；黃隱南，論商標刑法之競合，刑事法雜誌，第三
十七卷第二期，頁十九～六三，八十二年四月。

　　國內學者通說均將法律競合分成特別關係、補充關係、吸收關係、擇一關係等四種關係（注七）。亦有學者除上述四種關係之外，另加上主從關係。另有學者認為法律競合除上述四種關係之外，尚加上複雜法與單純法之關係、實害法與危險法之關係、結合關係等共有七種關係（注八）。又有學者將法律競合分成：特別法優於普通法、基本法優於補充法、全部法優於部分法、重法優於輕法、狹義法優於廣義法、吸收、擇一關係、結合關係等八種現象（注九）。更有學者認為法律競合可分為優先作用（包括特別法優於普通法、後法優於前法、狹義法優於法、全部法優於局部法、基本法優於補充法、實害法優於危險法、複雜法優於單純法、變態法優於常態法、獨立法優於附從法、重法優於輕法等十種情形）、吸收作用、結合作用、擇一作用等四種現象（注一〇）。與德國刑法學說相形之下，我國刑法學說上認定有關法律競合係可謂種類繁多。在刑法實務上，處理法律競合問題，往往以所謂之「重法優於輕法」或「重法吸收輕法」等原則之支配，好像一切依據均從重法處斷，即為正確。實際上應在判決理由中就法規競合之現象及各法規之構成要件加以分析說理及判斷，且須符合刑法學理以及立法目的。在刑法實務上之「適用刑事法規從重原則」方式，往往以刑責高低作為適用法條之唯一定罪科刑之判斷依據，刑事制裁既對人民權益影響甚大，實不容輕忽草率。

　　實際上仿冒行為之刑事制裁規範，有刑法、商標法及公平法等，三者僅有某部分存在單純法規競合之關係，其構成要件亦不見得完全相

注　七　參見韓忠謨，刑法原理，七十一年；蔡墩銘，刑法總則爭議問題研
　　　　究，七十五年；林山田，刑法通論，八十二年；呂有文，刑法各論；
　　　　陳樸生，實用刑法，六十六年；梁恆昌，刑法總則，七十六年；褚劍
　　　　鴻，刑法總則論，七十八年。
注　八　參見周冶平，刑法總則，六十一年。
注　九　參見高仰止，刑法總則之理論與實用，七十五年。
注一〇　參見洪福增，刑事責任之理論，七十一年。

同。再加上八十二年十二月十二日商標法亦經大幅度修正通過，刑事制裁部分，影響頗多。本書在第二章即先就公平法第二十條之構成要件作檢討，本章再就刑法、商標法中關於仿冒行為之刑事制裁規定分析其構成要件，目的在於探究刑法、商標法與公平法關於仿冒行為刑事制裁之立法意旨及規範範圍之異同。藉此釐清各仿冒行為之制裁規範的適用範圍。並以法院實務案例為研究對象，擬擷取法院判決書內容就某些爭議問題加以比較分析。由法院判決之見解之差異，更可以得知刑法、公平法與商標法之適用，許多爭議仍迄待解決。然而「商標之仿冒案件」卻是公平會受理公平法第二十條案件類型中最多者，司法實務上院檢雙方函請公平會鑑定者，亦多為商標之仿冒是否該當公平法第二十條之案件。檢察官之起訴書、不起訴書及法院判決針對仿冒刑事制裁案件多半同時引用舊商標法第六十二條、第六十二條之一及公平法第二十條。或者單純引用刑法第二百五十三條，規範商標法及公平法所不能及之仿冒行為。

　　因此本章第三節著重在探討當仿冒商標之行為同時有各種制裁仿冒之規定可適用時，各法律之間究為法規競合關係，亦或普通法與特別法之關係，以及應如何適用法律等問題。惟須強調的是，並非所有仿冒商標之案件皆會同時該當刑法、商標法及公平法關於仿冒之制裁規定，本章乃就商標仿冒之範疇論述之。

第二節　刑法與商標法關於仿冒行為之刑事制裁規範

第一項　商標仿冒刑事制裁規範制定過程之沿革

　　商標制度並非我國所固有之制度，清末列強迫使我國門戶開放以來，

源於歐陸之商標制度隨著外國商品之流入而在我國生根發展(注一一)。我國第一部商標法,自十九年公佈、二十年一月一日正式施行起,歷經七次修正後,再加上相關行政、司法周邊措施的改進演變,我國商標制度方呈現現今之面貌。依現行刑法第十九章妨害農工商罪章中處罰妨害農工商業之犯罪行為,計可分為妨害販運及農事水利罪與妨害商標商號罪等兩類。就當前農工商業之經濟現況觀之,現行刑法中對於妨害農工商罪章之規定顯然過於簡陋,不少重大妨害經濟秩序之行為,均未能依據刑法加以制裁。

六十一年以前,關於仿冒商標行為之制裁,係依我國刑法第十九章妨害農工商罪章中的妨害商標商號罪加以規範。因為在此之前,商標法中對於濫用商標行為並無刑罰制裁之規定。六十一年修正商標法,首次對侵害商標專用權者課以刑事責任,在此之前觸犯商標法禁止仿冒行為之規範者,均僅依刑法第十九章相關規定科處刑罰。六十一年修正後之商標法在第六十二條、第六十三條增訂侵害他人商標專用權罪與惡意使用他人商標名稱罪。然而其規定仍嫌寬鬆,行政措施亦未有成效,對仿冒行為並不生足夠之嚇阻作用。公平法施行後,我國終於有了一部規範經濟秩序之經濟法,許多經濟犯罪之刑事制裁有了法源依據,例如未經許可之聯合行為(參照公平法第十四條、第三十五條),以脅迫利誘不正當

注一一　關於我國商標法之沿革,自光緒二十八年(西元一九○二年)中英訂定商約第七條卽規定「由南北洋大臣在其各管轄境內,設立牌稅註冊局,流歸海關管理卽呈明註冊。」光緒二十九年(西元一九○三年)清廷設立商部,於商部下設商務登錄局,並由總稅務司赫德(Hart)代擬商標章程草案,其後商部依該草案並參酌英使所擬之條文,擬訂「商標註冊試辦章程」二十八條,細目二十三條,並於光緒三十年奏准施行,奠下我國商標制度之基礎。民國成立後,曾於十二年擬訂商標法案四十四條,同年八月公布商標法施行細則三十七條,並設立商標局。北伐完成全國統一後,國民政府於十九年公布全國統一的第一部商標法,二十年一月一日施行,成為今日商標法之始祖,並歷經七次之修正。有關我國商標法之立法沿革,詳細可參考李茂堂,商標法之理論與實務,頁三八～四二,六十七年。

手段所為之妨礙公平競爭行為（參照公平法第十九條、第三十六條）。若以刑法之規定作為經濟犯罪之原則性規範，刑法第十九章亦應全面修正，增定新條款，而能有效防制抽象而複雜之妨害經濟犯罪行為。並且避免各法規之間重疊立法、範圍不明致保護尺度不清，司法者適用上陷於違背法理之困境。

　　至於商標仿冒之規範在我國之演變，自六十七年中美雙邊貿易談判及其後續諸商會議，對我國之防止仿冒商標制度產生重大之影響（注一二）。此次談判中美雙方首次將仿冒商標問題列入雙邊談判之範疇內，仿冒商標問題遂成為中美間僅次於貿易逆差的嚴重問題，甚至導致接下來的中美智慧財產權談判。基於我國在中美雙邊貿易談判時所作之承諾，我國對仿冒問題之處理因而發生重大變化。在立法方面，修正商標法、加強對商標專用權之保護；在行政方面，行政院制定「防止仿冒商標及偽標產地辦法及其注意事項」、「商標近似審查基準」、「有欺罔公眾或使公眾誤信之虞審查基準」（注一三），成立經濟部查禁仿冒商品小組、公布杜絕仿冒商品十項措施等；在司法方面，配合執行商標法之修改，致使因侵害商標專用權而被判刑之人數大增。七十二年商標法之修正，明顯的受到中美談判之影響。尤其刑罰部分之修正乃為履行中美貿易事務協定中我國所做之承諾，例如提高侵害商標專用權之刑度，增訂侵害未經註冊

注一二　參考馮震宇著，中美防止仿冒商標談判及其影響，行政院經濟建設委員會健全經社法規工作小組出版，頁二七以下，七十六年；周延鵬，我國智慧財產權法律環境之現況暨其因應措施（上）、（下），法律評論，第五十八卷第二、三期，八十二年二月。

注一三　行政院臺74經字第18068號核定之「商標近似審查基準」，以及「商標有欺罔公眾或致公眾誤信之虞審查基準」，雖然是行政機關內部之作業準則，對法院不生拘束力，然其內容係參酌我國既有之解釋、判例、決定及審定案例，分析歸納、參以法理及一般大眾之判斷原則而定，在處理仿冒案件時，不失為一重要之參考標準。本文將在本章分析各有關法條之構成要件時，詳細加以分析，此二項詳細內容及案例圖形參考商標近似判決要旨選輯，司法院印行，頁五四九～五五四，七十五年三月。

之外國著名商標（第六十二條之一）、販賣仿冒商標商品罪（第六十二條之二）、沒收之特別規定（第六十二條之三）等。七十四年，我國再度修改商標法。直至八十二年十二月二十二日，因美方三〇一條款貿易報復之壓力，歷年變動最大的商標法修正順利通過(注一四)。此次修正或新訂條文達四十多條，幾爲原有條文之三分之二，大幅改變了過去對商標利用的管制態度，准許商標專用權人更大的活動空間，可以預見對國內產業界之產銷遊戲規則將造成根本之影響。八十二年十二月修正之商標法，主要重點有(注一五)：

一、立法趨向國際化

此次立法將商品分類改國際分類。過去舊法施行細則中之商品分類，

注一四　商標法於立法院審議時，立法院長明白表示：「專利法與商標法應該一起通過，此刻蕭主委萬長正參加APEC會議，這個問題是大家矚目的焦點。……深盼對三〇一條款造成沈重壓力的商標法與專利法能儘速完成立法。」「我們之所以選擇此時立卽處理此一復議案，係鑒於我國現在正有三位政府首長在美國訪問，如果我們能及時三讀通過商標法修正案，則對他們在外面的活動一定大有助益，因此我們希望今天能排除各種障礙通過商標法。」但亦有立委認爲「現代國家間衝突之原因與過去不同，過去可能是因爲軍備競賽、地區衝突、種族矛盾等因素，今日之衝突則多是基於環保、生態之保育、智慧財產權之保護、疫病之防治等。現在若不能符合世界之潮流，則將面臨全球性之制裁。我國身爲現代國家，應儘速通過商標法，如此不但可建經濟秩序，且亦可使大多數國內廠商一同受惠。因此，本案之通過並非受到美國之壓力，不應用義和團之精神，訴諸於民族主義以掩飾本國法律之缺失及盜用之不當。」見立法院公報，第二屆第二會期第二十四期院會記錄，頁六九、七一劉松藩院長之發言記錄，頁七五丁守中立委之發言記錄。

注一五　關於新修正商標法之特性及衍生問題，可參考蔡明誠，中華民國對專利及商標保護之最新發展，輯於中華民國全國工業總會舉辦「一九九二國際智慧財產權研討會」研討資料，八十一年十月十五日發表；謝銘洋，商標法修正草案之檢討及其對產業之影響，臺大法學論叢，第二十二卷第一期，八十一年一月；倪開永，了解新法特性、確保自身權益，工商時報，第三十六版，八十二年十二月九日；江必卿，新商標法衍生問題探討，經濟日報，第十六版，八十二年十二月十二日；馮震宇，不再爲法所困，工商時報，第三十一版，八十二年十二月十三日；馮震宇，了解新商標法，八十三年一月。

向來爲人所詬病,性質相近者在不同類別,性質相差甚遠者卻在同一類, 新法採國際分類, 有助於我國商標法國際化。隨著商標圖樣之使用文字以中文爲限的規定取消, 國內廠商可以註冊外文商標, 以同一商標同時在國內外使用, 不致生中英文未同時註冊所生之問題, 同時亦有助於事業發展國際性企業活動(注一六)。已在外國申請註冊之商標, 向我國申請註冊時, 得主張優先權, 卽以在他國首次申請註冊之日做爲我國之申請日。國內廠商亦可透過優先權制度, 在與我國訂有相互保護商標條約或協定的國家取得優先權。此舉使我國商標制度與國際同時發展, 隨著我國加入國際組織之腳步加快, 對於積極重返國際社會具有重要功能性。

二、融入使用主義之規定以及善意先使用商標者免責

在他人申請商標註冊前, 善意使用相同或類似商標圖樣於同一或類似之商品, 不受他人商標專用權之效力所拘束, 但以原使用之商品及原產銷規模爲限; 商標專用權人得要求其附加適當之區別標示（第二十三條）。

三、明定特別顯著性之意義

新商標法在第五條第二項規定特別顯著性之次要意義, 將原來欠缺顯著性, 可是因長期使用, 在市場上產生自然區隔效應而具特別顯著性者, 亦視爲具有特別顯著性, 得准註冊。

四、回歸商標自律性的授權本質

商標專用權人將其註冊商品之全部或一部授權他人使用其商標, 授權使用人經商標專用權人同意, 得再授權他人使用商標。卽回歸商標「自律性」之授權本質, 由商標專用權人自行決定是否授權他人使用,

---

注一六　以 SONY 公司爲例, 其爲國際著名之商標, 但其爲日本公司, 若日本商標法亦規定商標或標章之登記僅能以本國文字爲之, 則 SONY 公司不能在其國內使用外文「SONY」之商標, 反而增添其推展事業經營範圍至國外之困擾及不便, 因此, 我國此次商標法修正之結果值得贊同。

不再多加限制。商標專用權移轉時，無須與營業一併移轉。

五、商標使用之定義

舊法規定仿冒商標，係將仿冒品「行銷市面」才成立犯罪。新法第六條規定:「本法所稱商標之使用，係為行銷之目的，將商標用於商品或其包裝、容器、標帖、說明書、價目表或其他類似物件上，而持有、陳列或散布。商標於電視、新聞紙類廣告或參加展覽會展示以促銷其商品者，視為使用。」擴大了商標使用之範圍。影響所及，在刑事制裁上最為明顯，以下將詳細分析之。

六、罰則規定之變更

新商標法刑責部分修正方式為降低刑責、提高罰金。即將原來五年刑期降為三年、罰金由五萬元提高為二十萬元。再者加入「意圖欺騙他人」之主觀構成要件，刪除原商標法第六十二條之一有關仿冒未經註冊之外國著名商標之處罰，其立法理由則為公平法第二十條第一項第三款已有關於未經註冊之外國著名商標之保護規定。

此次商標法修正之結果，大體上已符合國際趨勢，諸如上述優先權制度，商標自律性之規定，商標得與營業分離、設定質權作為融資擔保，對於提供仿冒商品來源可減輕或免除賠償責任等規定，皆為臻國際水準之進步立法。雖然如此，但不免仍有值得爭議之處，刑事制裁之規定即為其一，以下便探討修正後之商標法關於刑事制裁而衍生之問題。八十二年十二月二十二日修正通過前之商標法，以下簡稱「舊商標法」，以與新修正通過現行之商標法相比較。

第二項　刑法及商標法關於仿冒行為制裁規定之介紹

刑法關於侵害商標商號罪之規定計有四種: 刑法第二百五十三條規定偽造仿造商標商號罪:「意圖欺騙他人而偽造或仿造已登記之商標、商號者，處二年以下有期徒刑、拘役或科或併科三千元以下罰金。」第

二百五十四條規定販賣陳列輸入僞造仿造商標商號之貨物罪：「明知爲僞造或仿造之商標、商號之貨物而販賣，或意圖販賣而陳列，或自外國輸入者，處二千元以下之罰金。」第二百五十五條則規範虛僞標記及販賣虛僞標記商品之行爲：「意圖欺騙他人，而就商品之原產國或品質，爲虛僞之標記或其他表示，處一年以下有期徒刑、拘役或一千元以下罰金。明知爲前項商品而販賣，或意圖販賣而陳列，或自外國輸入者，亦同。」就此等犯罪之本質觀之，實具有僞造文書及詐欺罪之雙重性質。惟上述條文之立法目的在於保障商標專用權，保障農工商業的正常經營，使其不受不正當的干擾，與單純損害消費者之財產權不盡相同，故本章在立法上係屬侵害社會法益之犯罪，而將之置於妨害社會法益之章節中。

　　舊商標法關於仿冒行爲之制裁規定，主要係規定第六十二條、第六十二條之一、之二、之三以及第六十三條。現行新商標法則修改了第六十二條之構成要件及刑責，並且刪除仿冒未經註冊之外國著名商標之行爲規定，其原則上與舊商標法規定之數種仿冒行爲類似，爲說明方便，以下便先將新舊法併列，以構成要件之比較爲第一個分析的步驟。其中新商標法條文文字中有雙括號者，爲舊法所修改或增添之部分，乃作者自加，蓋爲說明及比較方便之故。

　　一、使用仿冒商標之行爲之制裁

　　舊商標法第六十二條規定：「有左列情形之一者，處五年以下有期徒刑、拘役或科或併科五萬元以下罰金：

　　(一)於同一或同類商品，使用相同或近似於他人註冊商標之圖樣者。

　　(二)於有關同一商品或同類商品之廣告、標帖、說明書、價目表或其他文書，附加相同或近似他人註冊商標圖樣而陳列或散布者。」

　　新商標法第六十二條則修改爲「『意圖欺騙他人』，有左列情事之

一者，處『三』年以下有期徒刑、拘役或科或併科『新臺幣二十萬元』以下罰金：

    1.於同一或『類似』商品，使用相同或近似於他人註冊商標之圖樣者。

    2.於有關同一商品或類似商品之廣告、標帖、說明書、價目表或其他文書，附加相同或近似他人註冊商標圖樣而陳列或散布者。」

修正後之第六十二條，增加「意圖欺騙他人」之主觀構成要件，另外刑責降低改為「三年」、罰金提高為新臺幣「二十萬元」以下，而使用相同或近似商標之範圍亦改為「同一或類似商品」。

二、仿冒未經註冊之外國著名商標

舊商標法第六十二條之一規定：「意圖欺騙他人，於同一或同類商品使用相同或近似於未經註冊之外國著名商標者，處三年以下有期徒刑、拘役或科或併科三萬元以下罰金。

前項處罰，以該商標所屬之國家，依其法律或與中華民國定有條約或協定，對在中華民國註冊之商標予以相同之保護者為限。其由團體或機構互定保護商標之協議，經經濟部核准者亦同。」新法則完全刪除本條之規定，其立法理由則為公平法第二十條第一項第三款已有關於未經註冊之外國著名商標之保護規定。關於公平法第二十條第一項第三款之規定，在本書第二章第二節第四項已有詳盡之說明。

三、仿冒商品之流通行為

舊商標法第六十二條之二規定：「明知為前二條商品而販賣、意圖販賣而陳列、輸出或輸入者，處一年以下有期徒刑、拘役或科或併科一萬元以下罰金。」新法則依條文順序在第六十三條規定，並提高刑度：「明知為前條商品而販賣、意圖販賣而陳列、輸出或輸入者，處一年以下有期徒刑、拘役或科或併科『新臺幣五萬元』以下罰金。」

四、仿冒品沒收之規定

舊商標法第六十二條之三規定：「犯前三項之罪所製造、販賣、陳列、輸出或輸入之商品不問屬於犯人與否，沒收之。」新法則依照條文順序將之改為第六十四條，條文內容則不變。

五、惡意使用他人商標名稱作為特取部分之行為

舊商標法第六十三條規定：「惡意使用他人商標之名稱，作為自己公司或商號名稱之特取部分，而經營同一或同類商品之業務，經利害關係人請求其變更，而不申請變更登記者，處一年以下有期徒刑、拘役或科二千元以下罰金。」新法修正賦予被惡意使用商標之人請求他人停止使用之權，並以登記時間先後作為得否使用之原因：「惡意使用他人『註冊商標之中之文字』，作為自己公司或商號名稱之特取部分，而經營同一或類似商品之業務，經利害關係人請求其『停止使用，而不停止使用者』，處一年以下有期徒刑、拘役或科『新臺幣五萬元』以下罰金。」新法更增定了第二項：「公司或商號名稱申請登記日，在商標申請註冊之日前者，無前項規定之適用。」以保障在他人商標登記前已依公司法或商業登記法登記之名稱使用權。

以下便依仿冒行為之類型，分別論述其適用法規之情形。

第三項　偽造仿造商標之行為

偽造仿造之行為，係指模仿真正商標或商號之假冒行為，在外形上與真正之商標或商號完全一致；「仿造」則指抄襲真正商標或商號之主要部分，客觀上極為近似，使一般消費者不特別注意即不易分辨，而發生混淆或誤認之行為。在適用制裁規範時，有數個法規可能同時該當，即刑法第二百五十三條：「意圖欺騙他人而偽造或仿造已登記之商標、商號者，處二年以下有期徒刑、拘役或科或併科三千元以下罰金。」以及商標法第六十二條：「意圖欺騙他人，有左列情事之一者，處三年以下有期徒刑、拘役或科或併科新臺幣二十萬元以下罰金：一、於同一或

『類似』商品，使用相同或近似於他人註冊商標之圖樣者。二、於有關同一商品或類似商品之廣告、標帖、說明書、價目表或其他文書，附加相同或近似他人註冊商標圖樣而陳列或散布者。」，以下就各個構成要件分別論述之。

第一款　意圖欺騙他人

刑法第二百五十三條及新商標法第六十二條，關於偽造仿造商標之行為，規定之主觀不法構成要件為「意圖欺騙他人」。舊商標法中原無此要件，在修法理由中亦未能查明修正理由。然而此種要件之增訂，可能導致該條文適用上的困擾及範圍的限縮。

「意圖欺騙他人」，首見於刑法第二百五十三條之規定。民國六十一年商標法首次增訂偽造仿造商標之刑罰規定，即在第六十二條明白規定：「有左列情事之一者，為侵害他人之商標專用權，依刑法第二百五十三條之規定處罰：一、於同一或同類商品，使用相同或近似於他人註冊商標之圖樣者。二、於有關同一或同類商品之廣告、標帖、說明書、價目表或其他文書，附加相同或近似於他人註冊商標圖樣而陳列或散布者。」可見商標刑罰之處罰最初仍以刑法為基礎。或許此次修訂商標法是因為要將商標仿冒之處罰回歸到刑法原始之規定，但是刑法之條文結構較為簡單，許多不成文之構成要件須靠商標法之規定補充，例如「商標之使用」概念、「商標註冊」、「同一或同類（類似）商品」等，而當初在商標法中增定仿冒刑罰規定之目的即在補充刑法規定之簡陋及不足。如今修正時雖未對行為類型加以修改，然而卻加入「意圖欺騙他人」之主觀構成要件，是否仿冒商標之行為皆需有此要件才需受處罰？若行為人無欺騙他人之意圖，或意圖未實現，則是否仍需受仿冒之刑事制裁？公平法第二十條無此要件之規定，解釋上是否亦需符合之？

在仿冒只處罰故意犯之情形下，「意圖欺騙他人」在刑事構成要件上屬於故意犯之主觀之不法構成要件。故意犯除在外觀上需具備客觀之

不法構成要件所描述的客觀構成犯罪事實之外，行為人尚需出於主觀之不法構成要件所描述之主觀心態而實現客觀構成要件，才有構成犯罪之可能。故意犯若屬於意圖犯者，其主觀不法構成要件尚需包括「不法意圖」。例如偽造貨幣罪之「意圖供行使之用」（刑法第二百零一條）、妨害風化罪之「意圖營利」（刑法第二百三十一條）、財產犯罪之「意圖不法所有」（刑法第三百二十一條竊盜罪、第三百三十九條詐欺罪）等，以及本條之「意圖欺騙他人」皆屬之。此種各種不同之不法意圖，均一一分別規定於各罪之不法構成要件中。

所謂「意圖」（Absicht），乃指行為人出於特定之犯罪目的，而努力謀求構成要件之實現，或希求構成要件所預定結果之發生，以達其犯罪目的之主觀心態(注一七)。行為人只要在內心上具有希求達到不法構成要件所明定之犯罪目的，即有意圖之存在。至於意圖是否能實現，在所不問。意圖犯之特質，在於行為人依其目的觀而支配其行為，且係在達成犯罪目的之決意下而著手實行。意圖與動機不同，意圖乃意圖犯之主觀不法構成要件之要素，故意犯在主觀上必須具備法定之特定心意趨向，始能成立犯罪(注一八)。故有無此種意圖，事關犯罪是否成立。動機則是指引起犯罪的內在原因，同一行為可能由不同之犯罪動機引起，不同之行為可能由同一動機引起。然而無論動機為何，並不影響犯罪之成立，僅為刑法第五十七條規定刑罰裁量應審酌之情狀之一而已。

仿冒行為，本質上即是以剽竊他人智慧財產權之結晶及投資之成果，以假冒品偽裝真品，欺騙交易相對人，其雖具有詐欺與偽造文書的性質，但刑法卻將之獨立為一個犯罪類型，規定於妨礙農工商罪章中，可見其已蘊含有保障社會法益、維護正常交易秩序之意義在內。其推定仿冒即

注一七　參看 Jescheck H., *Lehrbuch des Straftrechts, Allgemeiner Teil*, 4, Aufl, 1988, S. 264; Wessels J, *Strafrecht Allgemeiner Teil*, 20, Aufl, 1990, S. 63.
注一八　參看林山田，刑法通論，頁一三七，八十二年八月，增訂四版。

具有欺騙他人之本質，在以往工商業社會未發達前，刑法第二百五十三條之規定可以理解。然而現今仿冒行為大量化的結果，許多購買者於購買時即知該產品為仿冒品，願意以較低之價錢買得，就出賣人（仿冒者）而言，其一開始就無「欺騙他人之意圖」，而買受人自始未曾「受騙」，且有意購買仿冒品，如果因此使得該仿冒行為不該當仿冒行為之制裁規定，則恐怕不是立法者之真意。

仿冒行為之所以要受制裁，不僅在於剽竊他人智慧財產權，或者欺騙購買者付出高代價取得不相當之物（若仿冒品之品質與真品相當甚至更好時，此點更無理由），而是因為其仿冒商標行為，自己無須花費任何宣傳廣告代價而可搭便車銷售，更可能使真正商標權人所表彰的品質與商譽，遭受一般人的質疑。任何潛在購買者皆陷於「不知買的是真是假」的疑問與危險中，真正商標權人之信譽逐漸稀釋，無疑使其對於同樣為憲法所保障之智慧財產權之投資及努力遭受損失。行為人不具欺騙他人之意圖，或者並不發生交易相對人受騙之結果，並不能使仿冒之行為的可非難性降低。正如同公共危險罪章中，縱使放火燒燬自己之物，若導致公共危險，仍不能免除其造成之公共危險所應受之處罰。仿冒行為所造成破壞經濟競爭秩序之結果，亦違反了刑事法律保護公共秩序社會法益之本旨。

公平法施行、新商標法修正後，對於仿造偽造商標之處罰已不僅在於商品本身之仿造偽造，而更有對於競爭秩序之維持，避免不正當競爭手法以及藉由競爭秩序之維護而達到間接保障消費者之目的。故在適用公平法時，無須考慮行為人是否具此意圖。刑法及商標法規定之解釋及適用亦應隨同社會現況而調整。若維持現行條文之模式，站在實現立法目的、滿足現實需求上，依解釋方式適用法規，避免制止仿冒行為之目的產生漏洞，雖無可厚非；然刑事法規畢竟不宜違反罪刑法定主義，而且司法者亦不能違背法理故意忽視該主觀構成要件。故根本解決之道，應把刑法第二百五十三條及商標法第六十二條之條文，將「意圖欺騙他

人」之主觀構成要件刪除。刪除後並不會影響該條文之運作，因爲對於
單純僞造商標之行爲，若其不具欺騙他人之意圖，不爲銷售之目的而持
有，例如藝術家模仿畫作或供自行收藏之用，則根本不屬於刑事制裁法
所欲規範之行爲。如同僞造貨幣，若非供行使之用；或者僞造文書但未
足以生損害他人或公眾者，皆不屬於刑事法規所規範之範疇。

第二款　僞造仿造

　　刑法第二百五十三條之「僞造仿造」，與商標法上商標之「相同或
類似之使用」相同，係指製造類似的商標，足以使一般人誤認爲眞正商
標者而言。稱「僞造」乃指全部模仿眞正商標或商號之假冒行爲，在外
形上與眞正之商標或商號完全一致。稱「仿造」則指抄襲眞正商標或商
號之主要部分，客觀上極爲近似，使一般消費者不特別注意卽不易分
辨，而發生混淆或誤認(注一九)。二者僅是程度上的差異而已，此處可借
用商標法上對於商標相同或近似之觀念予以釐清。僞造乃製造相同之商
標，所謂相同，是指構成商標之文字、圖形、記號或其聯合式，其觀
念、外觀、排列、設色完全相同者而言(注二〇)。而所謂近似，指並未
完全抄襲他人之商標，僅因襲其主要部分，加以無礙整體性之變換或增
刪，以至於所使用之商標與註冊之商標在觀念、外觀或讀音等方面極爲
近似，使一般消費者若不予特別注意卽會發生混同或誤認之情形(注二一)。

注一九　參考25年上字第7249號：「仿造商標，祇以製造類似之商標可使一般
　　　　人誤認爲眞正商標爲以足。」41年臺非字第15號：「刑法上之仿造僅
　　　　求其類似，與僞造之須形式上與眞正相同者迥然有別。」被告所私製
　　　　之新樂園香煙旣與臺灣省菸酒公賣局出售之新樂園香煙相同，卽非仿
　　　　造而爲僞造。
注二〇　參考倪開永著，商標法釋論，頁二二二；曾陳明汝著，專利商標法選
　　　　論，頁二二一。
注二一　參閱倪開永，前揭書，頁四二五；曾陳明汝，前揭書，頁二二二；行
　　　　政院所頒「商標近似審查基準」(74年臺74經字第18068號函)有極
　　　　爲詳盡之審查判斷標準及案例，例如，在外觀近似上，其舉例：商標
　　　　圖樣上之中文，其意義、讀音雖不盡相同，但其外觀有混同誤認之虞
　　　　者。如「北海」與「比海」、「洗玉」與「洗王」等。觀念近似者，其

第三款　商標之使用範圍

　　刑法第二百五十三條所謂僞造仿造商標以及商標法上之「使用」，
是否僅及於在商品本身上製造相同或近似之商標？或者在商品包裝、容
器、廣告、標帖、說明書或價目表上使用相同或近似之商標，亦屬於本
條之規範範圍？從條文文字觀之，似指仿造僞造商標之行爲皆屬之，並
未限制其須附著於商品本身上。至於商標法上對於商標之使用之定義，
在第六條規定之內容爲:「商標之使用，係指爲行銷之目的，將商標用
於商品或其包裝、容器、標帖、說明書，價目表或其他類似物件上，而
持有、陳列或散布。商標於電視、廣播、新聞紙類廣告或參加展覽會展
示以促銷其商品者，視爲使用。」本條在八十二年十二月修正商標法時，
內容大爲變動。蓋修正前之舊商標法第六條對於商標之使用，定義爲
「係指商標用於商品或其包裝或容器之上，行銷國內市場或外銷者而言。
商標於電視、廣播、新聞紙類廣告或參加展覽會展示以促銷其商品者，
視爲使用；以商標外文部分用於外銷商品者，亦同。」刑法第二百五十
三條關於商標之僞造仿造之解釋適用，是否亦如同商標法第六條規定相
同？商標法具有特別法之性質，在於補充刑法之規定，故刑法之適用似
可參考商標法關於商標之使用之定義。

　　從商標法之立法沿革觀察，六十一年商標法首次增訂僞造仿造商標
之刑罰規定，即在第六十二條明白規定:「有左列情事之一者，爲侵害他
人之商標專用權，依刑法第二百五十三條之規定處罰:一、於同一或同
類商品，使用相同或近似於他人註冊商標之圖樣者。二、於有關同一或同

　　舉例:　商標圖樣上之中文或外文與記號意義相同，有混同誤認之虞
者。如「五號」與「No.5」、「三九牌」與「999」等。在讀音近似方
面，如商標上中文或英文不同，但讀音相同或相似，有混同誤認之虞
者。如「新新」與「馨馨」、「JOIE」與「JOY」等。此詳細內容及
案例圖形參考商標近似判決要旨選輯，司法院印行，頁五四九～五五
四，七十五年三月。

類商品之廣告、標帖、說明書、價目表或其他文書，附加相同或近似於他人註冊商標圖樣而陳列或散布者。」可見商標刑罰之處罰仍以刑法為基礎。刑法之條文結構較為簡單，乃因為立法時間較早，在經過社會背景更迭之後，商標法之規定較刑法為完整且明確，刑法之規定若須配合社會現況運作，許多不成文之構成要件須靠商標法之規定補充。尤其公平法施行、新商標法修正後，對於仿造偽造商標之處罰已不僅在於商品本身之仿造偽造，而更有對於競爭秩序之維持，避免不正當競爭手法以及間接達到保障消費者等目的，若使得刑法之解釋及適用能依商標法之修正而隨之變更，站在實現立法目的、滿足現實需求上，雖無可厚非，然刑事法規畢竟不宜違反罪刑法定主義，故刑法第二百五十三條等相關條文，實應修正為更具體明確之形式。如前所述，商標仿冒既有偽造與仿造之形態，而仿造商標之後又須與商品為某程度之結合，才具有受禁止之非難性。因此關於刑法仿冒商標商號之制裁規定，事實上並不是作為商標法之補充規定；亦即，商標之使用或偽造仿造商標之意義，在刑法與商標法中皆有相同之內涵。則無須將刑法之「偽造仿造」與商標法之「商標之使用」作不同之解釋，至於實務上將刑法與商標法之規定視為不同之行為階段之適用方式，更是誤解了仿冒行為刑事制裁之規範目的（注二二）。

　　雖然商標之使用意義及於商品本身之外之相關文書上，然而從商標使用之意義而言，商標之標示商品的作用仍必須在和商品有一定程度的結合後才能顯示。此處之結合並非商標一定要直接附著於商品上。即，此處偽造仿造商標之行為結果，必須是依商標出現之方式，足以顯出標示特定商品的作用。例如麥當勞之漢堡，其商標並非直接附著在食品之上，而是顯示在其包裝和容器。若使用和麥當勞漢堡商標相同或近似之

注二二　實務上將刑法第二百五十三條視為商標法第六十二條之補充規定而適用之案例，本書將在本章第三節第二項以下分析探討之。

包裝和容器用來盛裝自己生產之漢堡食品，則亦爲商標之僞造仿造（注二三）。

第四款　登記或未登記之商標商號

　　刑法保護客體爲已登記之商標或商號，商標法則是已登記之商標。所謂「商標」乃指凡因表彰自己營業之商品，確具使用意思所使用之標示，依商標法申請註册者。其所使用之文字、圖形、記號或其聯合式，應足使一般商品購買人認識其爲表彰商品之標識，並得藉以與他人之商品相區別（參考商標法第二條、第四條）。稱「已登記之商標」，係指已依商標法向商標主管機關註册，而取得商標專用權者（注二四）。蓋商標主管機關對於商標註册之申請，應指定審查員審查之。經審查後認爲合法者，除以審定書送達申請人外，並應先公告於商標公報，俟三個月滿別無利害關係人異議或異議不成立確定後，始予註册。因此，商標縱經審定合格，如未經公告期滿，尚不能認爲其已註册（商標法第三十九條、第四十一條、第四十七條至第五十一條）。可見商標註册中始終未有「登記」之程序規定（可能係指商號之登記，見下段），雖然司法院之解釋認爲係指「已註册」之商標，但爲求構成要件之明確，仍以一致之用語爲當。商標法上旣無使用「登記」之用語，刑法此處使用登記二字，易使人產生誤解。就兩者立法先後可知，刑法之訂定乃於二十四年，較之第一部商標法於二十年施行還晚，刑法在制定妨害商標商號罪時，未能依據商標法之用語及參酌商標註册制度之內涵，恐爲立法用語之錯誤。日後修正刑法時，應將此處之「已登記」修正爲「已依商標法註册取得商標專用權之商標」爲當。故未經註册或已撤銷註册之商標，均不能成爲本罪

注二三　此例子乃採自黃榮堅，濫用商標行爲之刑事責任，臺大法學論叢，第二十二卷第一期，頁二一四，八十一年十二月。

注二四　參閱司法院30院2134號解釋：（前略）刑法第二百五十三條所謂已登記之商標，在現行法上旣無所謂商標之登記，自係指已註册之商標而言。

之保護客體(注二五)。

　　所謂「商號」係指依商業登記法第二條所列各種營利事業之人，用以表彰其所經營之營利事業名稱。商業負責人須將名稱、組織、所營業務、資本額等向營業所所在地之主管機關申請登記，非經登記，不得開業（商業登記法第二條、第三條、第五條至第八條）。故本條條文之「已登記之商號」用語即可瞭解。故本條之保護客體應指「已註冊之商標」及「已登記之商號」。蓋保障商標商號專用權，乃本條之立法意旨所在，故應以依法註冊及登記者為限。依條文之反面解釋，未依法註冊或登記之商標商號，則不受本條保護範圍之列。蓋我國商標註冊乃採任意制度，不欲專用商標者，毋須依商標法申請註冊，而商號則是未經登記不得營業。故本條乃寓強制於任意之中，鼓勵商標專用者與營業之商號及早註冊或登記，以免其商標商號受仿冒而無由救濟。

　　至於未經註冊之我國商標，若符合「相關大眾所共知」之要件，則仍有可能受公平法第二十條之保護。雖有論者認為公平法所保護者應以未登記之商標為限，蓋其理由為已登記之商標自可依商標法尋求保護途徑(注二六)。惟公平法與商標法對於商標保護在構成要件及立法目的設計上不盡相同：商標法乃經由商標註冊之申請，由公權力機關賦予獨占排他的商標專用權，公平法則是禁止仿冒各種商品表徵而引起商品主體混淆的不正當行為，藉此維護公平的競爭環境。且公平法所保護之表徵，須在市場上具有表彰特定商品主體識別作用，且為相關交易對象所認識熟知。商標法所保護之商標則無須具有實際的市場經濟力，且不要求一定經過使用，只要透過法定註冊程序即賦予保護。蓋商標制度

注二五　參考司法院27院1738號解釋：仿造第三人商標，出售同一商品，其仿造行為，既在他人將該商標依法註冊（登記）以前，自不發生仿造已登記商標之問題，即使在他人註冊後，知情而仍繼續出售，亦不負刑法上之責任。

注二六　李桂英，從商標法及公平交易法論著名商標之保護，中興大學法律研究所碩士論文，八十二年一月。

之目的，乃在以賦與排他權之方式，事先標明各個商標專用權人所專屬使用的商標，劃定使用商標的安全保護領域，經由競爭市場對此一制度的信賴，形成一種安定的商標使用秩序。假使要求所有商標皆須達到公平法所欲規範防止不公平競爭之實際市場經濟實力及識別標示功能，則市場上所使用之註冊商標將有隨時受他人仿冒的顧慮，無法形成一個安定的商標使用秩序，更毋庸論及公平的競爭秩序之維持了。

　　關於仿冒商標案件在適用公平法時，首要考慮的應是該商標的市場經濟力及具有識別辨識主體之功能。其是否已依商標法申請登記，雖可將商標註冊時間之長短作為判斷是否市場經濟力之依據，但並非唯一之判斷標準，若因此而認為公平法第二十條所保護之商標以註冊為限，則不免限縮了公平法第二十條之保護意旨。若該商標權人欲求更完整的保護制度，應及早依我國商標法申請註冊，如此才可在未該當公平法保護要件時（例如該商標未達相關大眾所共知之程度），而仍可尋求商標法之保護。未向我國商標主管機關註冊之外國著名商標，現行法將之規定在公平法第二十條第一項第三款保護範圍之列，而如前第二章第七節所述，所謂「著名」與「相關大眾所共知」之涵義，以往舊商標法認定「著名」並未有相當具體及妥適之方式，新商標法又已完成刪除著名商標之規定；而公平會處理「相關大眾所共知」之原則才剛建立一些模式。以「著名」「相關大眾所共知」之兩者內涵比較，實無區別或強調其程度差距之必要，故有論者認為第三款實可刪除(注二七)。再加上新商標法增訂關於優先權之規定，已在外國申請註冊之商標，向我國申請註冊時，得主張優先權，即以在他國首次申請註冊之日做為我國之申請日。國內廠商亦可透過優先權制度，在與我國訂有相互保護商標條約或協定的國家取得優先權。因此，一外國商標欲尋求保護，依商標法申請註冊

注二七　關於「著名」、「相關大眾所共知」之論述，詳見本書第二章第七節，第四項。

登記而取得商標專用權，或者主張優先權，反而較爲容易且舉證方便。
若其欲在公平法第二十條第一項第三款尋求保護，則須主張其商標已達
「著名」之程度。在公平法第二十條第一項第一、二款條文未修改前，
探究其立法目的，實不必將之限縮爲「未經註册之商標」或「已經註册
之商標」爲限，而應以其避免商品服務主體來源之混淆之目的爲適用方
向。至於刑法之保護範圍則依條文或其立法意旨，應不及於未經註册之
商標，無論外國或本國商標皆是。

第五款　同一或同類（類似）商品

　　刑法第二百五十三條所規定之僞造仿造商標商號罪，條文上並未有
仿冒之商標須於同一或同類商品之規定。但是商標法第六十二條關於仿
冒商標之處罰規定則有「同一或類似商品」之要件（舊商標法第六十二
條則規定「同一或同類」）。公平法第二十條第一項第一、二款規定之仿
冒商標行爲雖未如商標法以同一或同類商品爲要件，但仍有「致與他人
商品混淆」之規定；而第三款關於未經註册之外國著名商標則有於「同
一或同類」使用商標之規定。因此刑法及公平法是否亦應以商標法上
「同一或類似」商品之規定作爲本條之不成文構成要件？

　　商標法限定於「同一或類似商品」，因其對於商標的保護，是經由
商標註册的申請，而有公權力機關賦予獨占排他的商標專用權，而專用
權之適用有商品分類之標準及範圍。在舊商標法施行細則中關於商品分
類之方式，有一百零七種之多，向來爲人所詬病，蓋其往往將性質相近
者分在不同類別，性質相差甚遠者卻在同一類，造成實務運作上的困擾，
以及影響到專用權人的權益。而舊法第六十二條規定「同一或同類」
之解釋，也因此有兩種見解。有認爲該「同類」係指商標行政管理上
之方便，依施行細則所爲之商品分類；然有認爲係指當事人所指定之同
一商品以外，依一般生活經驗及交易形態附隨發生性質近似之商品而言

（注二八）。由於第六十二條涉及刑罰適用之問題，因此對於「同類」之解釋須謹愼爲之，避免產生刑罰過苛之結果，因此應以後說爲是，惟實務適用上仍有爭議（注二九）。新法爲杜絕此種爭議，除了將第六十二條刑罰規定之構成要件「同一或同類」修改爲「同一或類似」，在第三十五條第二、三項更明文規定:「商品之分類，於施行細則定之。類似商品之認定，不受前項商品分類之限制。」第七十二條亦有「類似服務之認定，不受前項分類之限制」，可見以往依行政管理分類之商品類別，作爲認定「同類」商品之標準，實際上誤解了制裁仿冒商標之眞正意旨。在修正商標法之後，商標法制裁使用僞造仿造商標之行爲，已不能再將其範圍拘泥限制在「同一或同類」商品之上。

新商標法參考尼斯國際分類四十二類分類方式，制定類似商品之群組分類，顯示我國商標法亦趨向國際化（注三〇）。而其區別之標準爲（注三一）:

（一）商品之產製部門、販賣場所大致相同者。如西藥、臨床試驗用製劑之生產部門可能相同，銷售場所亦幾乎一致。

注二八　關於商品分類之問題，可參見洪士凱，商標法上商品分類與同類商品之研究，臺大法研所碩士論文，七十九年十二月。

注二九　參見行政法院65年度判字第567號、67年度判字第421號、71年度判字第676號，以及司法院院字第1808號解釋。曾華松，商標權的侵害與刑事制裁，刑事法雜誌，第二十八卷第二期，頁一～三二。

注三〇　國際分類係以國際智慧財產權保護局（世界智慧財產組織之前身）於一九三五年所擬訂之分類爲基本依據，一九五七年各國於法國尼斯市簽訂協定，於一九六一年四月生效，陸續有三十二國簽訂，另有五十個以上之國家採用。「國際分類」係指尼斯協定之商品和服務標章註冊之國際分類，適用本協定之各國採用共同之商品與服務分類，以供辦理標章註冊之用，目的在於統一各國商品及服務分類，以利註冊審查。有關進一步資料，可參考洪士凱前揭文，以及中標局八十三年四月所做之研究，商品及服務標章營業種類採行國際分類之研究。

注三一　商品及服務標章營業種類採行國際分類之研究，經濟部中央標準局，頁八三～八六，八十三年四月；商標法施行細則修正草案，經濟部中央標準局於八十三年六月提出。

（二）成品與半成品或零組件間有關聯性者。如熱水器及其金屬外殼者。

（三）商品之用途及購買者相同者。如非金屬建築建材與金屬建築材料之用途相同，消費群亦相去不遠。

（四）商品之功能，使用者無法區別時。如花瓶、花盆無論陶瓷製或玻璃、塑膠製，其功能均相同，使用者亦相近。如商品有主物、從物關係時，指定使用於從物之商標，原則上需檢索主物類似群商品之商標，查明有無相同或近似之圖樣；若指定使用於主物之商標，原則上無需審查從物之商標資料，如「冷氣機保護罩」（從物商品），需審查冷氣機（主物商品）之審查資料。

新法關於商品分類之施行細則尚未正式制定，但採國際分類之趨勢應有助於我國商標法國際化。加上第六十二條條文已修改為於「同一或類似」商品使用仿冒商標之行為須受制裁，因此在適用上應不能再以行政管理上之商品分類為判斷標準，尤其涉及到刑罰適用之問題，更應謹慎為之。

若單純自條文分析，刑法之規定並無仿冒行為在同一或同類商品為限之規定。至於公平法第二十條第一、二款仿冒商標標章之規定，亦無「同一或同類商品」之要件。刑法第二百五十三條之立法時間早於商標法及公平法，由上述立法過程可知刑法之規範目的在於保障商標商號專用權，避免消費者購買到虛偽標示商標之商品或非真正商號所販售之商品。衡諸當初立法背景、工商業發展之程度及事業經營之形態，立法者或許尚未形成防止不正競爭及避免商品主體混淆之理念，故並未在構成要件的設計上特別註明以「同一或類似商品」及「致與他人商品混淆」為要件。但是適用法律須視時代背景及切合時機，「司法者應比立法者聰明」，如果認為刑法之規定與商標法之立法目的相似，而將之視為一般規定，則此處應以「同一或類似商品」為刑法規定之不成文之構成要件。

　　至於公平法規定仿冒行爲須「致與他人商品混淆」，其目的在於制裁仿冒各種商品表徵而引起商品主體混淆的不正當行爲，藉此維持公平的競爭秩序。與商標法保護之範圍雖有重疊之處，但亦有各別之規範目的(注三二)。故公平法不一定以「同一或類似」之商標使用爲限，蓋因其另外須該當「致與他人混淆」之要件。而公平法第一項第三款之規定，因爲係從舊商標法第六十二條之一移置而來的，在商標法修正時，應一併修改爲「於同一或『類似』商品，使用未經註冊之外國著名商標」才是。然而其並未在此次商標法修正時提出，公平法修正草案中亦未更改之，造成「同一或同類」之用語僅在公平法中殘留遺跡，解釋上易生困擾。在修定公平法之前，適用第二十條第一項第三款之規定時，應特別注意(注三三)。

第四項　流通仿冒商品之行爲

　　刑法及商標法對於流通仿冒商品之處罰規定，在構成要件上的設計並不盡然完全相同。然而其目的皆在制止仿冒商品之流通傳播，因爲仿冒行爲所造成對於眞正權利人之損害，以及對於交易秩序、公平競爭環境之破壞，流通仿冒商品之行爲才是直接造成影響者。以下就各種行爲類型及構成要件分析之。

第一款　流通仿冒商品之行爲形態

注三二　關於商標法第六十二條與公平法第二十條之規範目的與兩者之間的適用關係，將在下一節討論之。

注三三　論者有認爲，獨獨將外國著名商標之保護規定置於公平法中，造成商標保護體系之紊亂，見江必卿，新商標法衍生問題探討，經濟日報，第十六版，八十二年十二月十二日。然而此次商標法修正將第六十二條之一刪除，其理由卽是爲貫徹商標法中之商標註冊主義之完整性，而將關於未經註冊之外國商標仿冒規定，置於公平法中，以防止不正競爭之精神執行該條文。

　　未親自偽造仿造仿冒商標或商品，僅為仿冒商品之流通行為者，其行為形態有販賣、意圖販賣而陳列、運送、輸出、輸入等。刑法第二百五十四條規定之行為類型僅有三類，即「販賣」「意圖販賣而陳列」「自外國輸入」仿冒貨物罪。其條文為：「明知為偽造或仿造之商標、商號之貨物而販賣，或意圖販賣而陳列，或自外國輸入者，處二千元以下之罰金。」很特殊的情形是就「自本國輸出」仿冒貨物之行為，在刑法中並未規定，可見當時立法背景未考慮到我國工商業有仿冒外國商標之產品之能力，如今經濟現況已截然不同，在我國國內仿冒之商品，亦有外銷至原商標產國之情形。因此，刑法第二百五十四條之條文，應全面修訂過才能繼續發揮其功能，否則只是一個遺跡罷了。

　　商標法第六十三條則規定：「明知為前條商品而販賣、意圖販賣而陳列、輸出或輸入者，處一年以下有期徒刑、拘役或科或併科新臺幣五萬元以下罰金。」其行為形態則包括了四種。公平法第二十條各款之後半部亦有針對流通仿冒商品之行為，少了「意圖販賣而陳列」類型，但多了「運送」之行為類型，即包括「販賣、運送、輸出或輸入使用該項表徵之商品者」四種行為，但該商品係指同條「相關大眾所共知」之商品而言。

　　由此可知，流通仿冒商品之行為，類型頗多，但是刑法、商標法及公平法規範之內容，有三者皆規定者，如販賣、輸入；有刑法與商標法重疊者，如販賣、意圖販賣而陳列、輸入；亦有公平法個別規定之形態者，如運送。實際上達到流通仿冒品之行為類型，不出這幾種形態，如此分別不同之規定，實在很難看出其立法目的及實益，或許這又是一個立法者疏忽的小角落吧！既然商標法與刑法之關係密切，且規範範圍大致相同，實可統一規定之。至於公平法中關於仿冒商品之流通行為，雖然其客體較多，然而其禁止流通行為之立法目的應與商標法等規定相同，此三法條就流通行為，實可使用統一之構成要件描述之。本書認為

規定為「販賣、意圖販賣而陳列、運送、輸出、輸入及其他流通行為」
之構成要件描述行為形態較為完整。但是此處須與「商標使用」之概念
相區別， 蓋商標使用之定義「為行銷之目的， 將商標用於商品或其包
裝、容器、標帖、說明書、價目表或其他類似物件上，而持有、陳列
或散布。」（商標法第六條）是在界定商標使用之目的及註冊保護之範
圍，並非就仿冒行為之階段為分類或劃定範圍。因此，將仿冒商標用在
商品包裝上陳列在商品架，或者散布該商品，應屬商標之使用行為，應
依商標法第六十二條制裁之， 而非因其「陳列」「散布」行為而依第六
十三條處斷。尤其公平法關於流通仿冒商品之行為， 規定在各款後段，
司法者常常會因此忽略該規定(注三四)。但是此處仍要強調的是，公平法
第二十條流通仿冒商品行為之客體與刑法、商標法之規定不盡相同。

第二款　直接故意──「明知」為仿冒商品

刑法與商標法之規定，皆有 「明知為仿冒商品」 之直接故意的規
定。故意（Vorsatz）乃指行為人對於客觀不法構成要件之認知與實現
法定構成要件之意欲，又稱構成要件之故意（Tatbestandsvorsatz）
(注三五)。亦即行為人對於客觀不法構成要件之所有情狀有所認識，並決
意實現或使其成為事實、或容任其所預見者發生之主觀心態。依行為人
主觀心態上之不同，可分為直接故意（Direkter　Vorsatz）與未必故

注三四　法院判決就曾出現過，詳見高院 82 上訴字 6867 號刑事判決中，撤銷
　　　　原判決及適用法規之理由。本書在本章第三節將有詳細的論述。
注三五　德國刑法學者對於故意所下之定義，有：
　　　　(一)對於屬於法定構成要件之客觀要素 之知與欲 。（Wissen und
　　　　Wollen der zum gesetzlichen Tatbestand gehrenden
　　　　objektiven Merkmale), *Cramer in Schnke/Schrder,* 1991,
　　　　S. 263.
　　　　(二)構成要件實現之知與欲。(Wissen und Wollen der Tatbe-
　　　　standsverwirklichung), Wessels J., *Strafrecht Allgemeiner
　　　　Teil,* 20, Aufl, 1990, S. 60.

意 (Bedingter Vorsatz)。直接故意是指行為人對於構成要件該當結果之發生，確有預見，並決議使其發生，此種明知且故犯之心態即為直接故意。未必故意又稱間接故意，係行為人雖預見該構成要件有實現之可能，仍聽天由命，容任構成要件之實現或結果發生之心態。此二者對於構成要件之該當上並無影響，只是直接故意之犯罪在各個構成要件上皆會明白標示「明知」。如「明知為不實之事項，而使公務員登載於職務上所掌之公文書」之刑法第二百一十四條使公務員登載不實罪；以及「明知自己有花柳病或痲瘋，隱瞞而與他人為猥褻行為或姦淫，至傳染於人者」刑法第二百八十五條之傳染花柳病罪，另外就是刑法本條關於流通仿冒商品之罪以及商標法第六十三條之規定。

　　實際上此「明知」之要件，卽在表示關於流通仿冒商品之行為，其受到制裁之原因在於行為人雖未實際從事偽造仿造之行為，然而其明知該商品為仿冒品，仍然促進其流通，無疑是偽造仿造者之幫助犯。而流通仿冒商品之行為人，其亦替仿造偽造者提供一個銷售之管道，並且因其流通行為，擴大了仿冒品對於正常經濟秩序之破壞，使一般人無法分辨眞品偽品，亦使交易相對人陷於不知購買者是眞是偽的疑懼中，實際上已造成智慧財產權權利人之損失。然而眞假品並非所有人皆可分辨，販賣或輸出輸入之人，若不知其流通者為仿冒商品，則應無受非難之原因。因此本條以「明知」為構成要件故意，應可以理解。而在實務上最常見的情形是，販賣仿冒品者多半以「不知其為仿冒品」為抗辯，然而法院皆會以其他佐證推翻其抗辯。例如其行銷該商品已多年，應具專業辨識之能力；或者其進貨之對象應為眞正商標專用權之代理商；或其向不知名人士進貨，應可推知其明知該商品為仿冒品，甚至進貨成本及販售價格比眞品低，皆是法院據以論斷行為人是否「明知」該商品為仿冒商品之方式。

　　公平法第二十條，未有如此之構成要件設計。很難想像關於仿冒商

品之流通行爲，若行爲人根本不知該客體爲仿冒品時，其流通行爲可能要處三年以下的徒刑或一百萬元以下之罰金。特別是某些非註冊商標之商品，也不受著作權或專利權保護，而是其外觀或包裝具有表徵功能之商品，若有人仿冒之，公平會認定該行爲違反第二十條之規定，而販賣者或輸出輸入者根本未「明知」該商品爲仿冒品之情形下，立即受刑事制裁，恐怕有過苛之弊。因此公平法第二十條，應該不會採取比商標法更嚴格之執法態度，同時爲了避免因條文冗長而使人無法察覺出公平法第二十條第一、三款後段處罰流通仿冒商品行爲之規定，實可將之移置同條第二項，增列「明知爲前項之物，而爲販賣、運送、輸出、輸入等流通行爲者，處一年以下有期徒刑或科或併科一百萬元以下罰金」，如此使條文內容所規範之行爲形態更爲清楚明顯，刑度的設計上亦符合比例原則。在修改公平法之前，適用公平法第二十條第一款後段或第三款後段規定，更應審慎爲之。

第三節　仿冒行爲多重刑事制裁規定之適用

第一項　仿冒行爲多重刑事制裁法規之概說

在分析過刑法、商標法及公平法關於仿冒商標之刑事制裁規定後，可以得知三者之間複雜的關係。然而可以確定的是，單純以刑度之高低作爲適用之原則，是毫無法理依據的。基於國家主權之發動而形成之「刑罰權」（Strafgewalt），由法院以刑事司法審判之方式，使用剝奪人身自由、罰金、褫奪公權、沒收等「刑事刑罰」（Kriminalstrafe）爲制裁手段，此種刑事制裁手段有最後的手段性，因此須審慎使用，使其集中於具有較高不法內涵之犯罪行爲。至於刑度之高低，更須符合比例原則，不能迷信重刑之威嚇力。同樣犯罪內涵之行爲，本來就應該只

有一個適用之法規，我國各種法規疊床架屋訂立的結果，實務上以所謂「重法優於輕法」原則，甚至連各法規之構成要件範圍都未界定清楚，僅以刑度之高低作為適用法規之依據，此種「重法『優』於輕法」實在不知「優點」為何？以人民之角度而言，輕法實優於重法。為了制止仿冒行為所造成對於社會經濟公平競爭秩序的破壞，以及保障智慧財產權人之努力投資，甚至維持我國對外貿易之形象及避免遭貿易報復等各種現實因素，並不單只是提高仿冒刑事制裁即可達成。各種智慧財產權之登記註冊查詢等周邊制度的建立、智慧財產權法制的施行與推廣、國民教育與培養尊重智慧財產權的觀念，都是須一併進行的措施。況且本次商標法修正時，已將仿冒商標之刑責由五年降為三年，雖然罰金提高為二十萬元，然而實際上以自由刑提高作為嚇阻仿冒行為之方式，不見得較易生效。立法時若一再提高刑度及罰金額度作為對於仿冒行為高度非難之評價，司法機關適用時若又往往直接依刑度較高之法規論斷，恐怕有違「罪刑法定主義」中的「罪刑相當原則」。

再看目前法院對於各種仿冒行為之類型所適用之法條，大約有以下三種：

（一）就於同一或同類商品使用相同或近似於他人註冊商標之圖案者，大多引用（舊）商標法第六十二條：「有左列情事之一者，處五年以下有期徒刑、拘役或科或併科五萬元以下罰金：一、於同一商品或同類商品，使用相同或近似於他人註冊商標之圖樣者。二、於有關同一商品或同類商品之廣告、標帖、說明書、價目表或其他文書，附加相同或近似於他人註冊商標圖樣而陳列或散布者。」或引用公平法第二十條第一項第一款：「事業就其營業所提供之商品或服務，不得有左列行為：一、以相關大眾所共知之他人姓名、商號或公司名稱、商標、商品容器、包裝、外觀或其他顯示他人商品之表徵，為相同或類似使用，致與他人商品混淆，或販賣、運送、輸出或輸入使用該項表徵之商品者。」第三

十五條:「違反第二十條之規定者,　處行為人三年以下有期徒刑、拘役或科或併科新臺幣一百萬元以下罰金。」

（二）就使用外國著名商標者,　則引用（舊）商標法第六十二條之一:「意圖欺騙他人,　於同一商品或同類商品使用相同或近似於未經註冊之外國著名商標者,　處三年以下有期徒刑、拘役或科或併科三萬元以下罰金。」或公平法第二十條第一項第三款:「事業就其營業所提供之商品或服務,　不得有左列行為:　三、於同一商品或同類商品,　使用相同或近似於未經註冊之外國著名商標,　或販賣、運送、輸出、輸入使用該項商標之商品者。」

（三）販賣、輸出或輸入前二者之商品之行為,　則適用（舊）商標法第六十二條之二:「明知為前二條商品而販賣、意圖販賣而陳列、輸出或輸入者,　處一年以下有期徒刑、拘役或科或併科一萬元以下罰金。」或公平法第二十條第一項第一款後段。

由前述可知,　實際上仿冒行為之刑事制裁規範,　有刑法、商標法及公平法等,　三者不僅為單純法規競合之關係,　其構成要件亦不見得完全相同。再加上八十二年十二月十二日商標法亦經大幅度修正通過,　影響所及,　在刑事制裁上最為明顯。　新商標法刑責部分修正方式為降低刑責、提高罰金。即將原來五年刑期降為三年、罰金由五萬元提高為二十萬元。再者加入「意圖欺騙他人」之主觀構成要件,　刪除原商標法第六十二條之一有關仿冒未經註冊之外國著名商標之處罰。以下便以法院實務案例為研究對象,　擬擷取法院判決書內容就某些爭議問題加以比較分析。由法院判決之見解之差異,　更可以得知刑法、公平法與商標法之適用,　許多爭議仍迄待解決。

公平法施行三年多以來,　累積之案例恰可作為研究之對象。本節著重在探討仿冒案件同時有各種仿冒行為規定可適用時,　究為法規競合關係、亦或普通法與特別法之關係,　以及應如何適用法律等問題。惟須強

調的是，並非所有仿冒商標之案件皆會同時該當刑法、商標法及公平法關於仿冒之制裁規定。如第二章所述，商標法實為不正競爭防止法之一環，與公平法第二十條實為互相協力之關係，只是公平法第二十條之構成要件較嚴格，加上我國公平法制定較晚，其刑責又較重（罰金新臺幣一百萬元），很容易使人產生公平法為商標法之特別法之想法。實際上當某商標業以註冊登記、取得商標專用權，同時因長期使用或大量促銷、已達相關大眾所共知之程度時，若他事業無權卻將該商標在其商品上為相同或類似之使用，則該行為同時該當商標法第六十二條、公平法第二十條第一項，此時方有兩法皆有適用之情形。而探討兩法之間究為法規競合或特別法之關係，亦非單純以刑責之高低為判斷基準，仍須就構成要件、立法意旨等詳加分析，尤其在司法實務上動輒以刑責高低、立法先後作為唯一之判斷依據，率爾依法條競合或特別法優先適用之理由適用法律，往往未能真正分析比較兩法之間的異同，而導致實務悖離法理、立法愈加糾纏不清、人民與司法者無所適從之弊。

以下分就仿冒行為類型，分析實務適用各種仿冒行為之制裁規定之見解並評述之。

第二項 偽造仿造商標之行為

就「使用」仿造偽造商標之行為，法院適用刑事制裁法規所運用之條文有商標法第六十二條、公平法第二十條，以及刑法第二百五十三條等，其適用原則，試舉案例分析之。

第一款 使用仿造偽造商標之案例

第一目 案例分析

案例一：未行銷國內外、在倉庫中即被查獲(注三六)

注三六 本案取自經濟司法委員會聯席審查商標法修正草案研究報告暨參考資料專輯，立法院經濟委員會編印，頁一三七，八十一年十二月。

一、案例事實

木大公司接獲澳商史比德公司訂單，代爲製造福特汽車零件。實際上，史比德公司只經福特授權經銷，而未獲授權自製或訂製福特商標之商品。木大公司製造未獲授權之商品，未在國內市場行銷，尚堆積在倉庫中卽被查獲。

二、實務見解

依舊商標法第六條對「使用」之定義，乃指行銷國內市場或外銷。若廠商製造仿冒品，雖未在國內市場上行銷，而堆積在倉庫中就被查獲，實務上視爲欲行銷國內市場。但若認定爲「外銷」，則須貨物完成報關手續，卽，如果單純爲了外銷而製造之仿冒品，尚在製造中卽被查獲，則不符商標法對「使用」之定義，故本案乃處分不起訴。但是臺北地檢署又再度引用刑法第二百五十三條起訴。亦卽將刑法視爲商標法之補充規定，刑法之僞造仿造罪包括商標法未規定之商標仿造使用之階段，而不以商標法之「使用」定義作爲刑法第二百五十三條仿冒行爲之內涵。

案例二：僅製造仿冒商品之空罐未裝塡出售，是否爲商標之使用？

一、案例事實及檢察官之見解(注三七)

被告受大陸聯建公司委託，印製「力力水蜜桃汁」之包裝鐵罐，在該包裝罐上爲他事業名稱之虛僞標記，並仿造味丹公司之商標及註冊圖示。檢察官之起訴理由認爲：「……2.核被告所爲係犯刑法第二百五十三條之罪嫌，移送意旨雖認被告係犯商標法第六十二條之罪嫌，惟因被告僅爲商品包裝之印製並非產製、販賣該等產品者，卽難謂其與商標法所定『使用』之要件相當，該部分罪嫌尚屬不足，惟因與前揭起訴事實具裁判上一罪關係，已爲起訴效力所及。」

第二目 本文評析

注三七　彰化地院檢察署81年偵字地8036號起訴書，全文詳見公平交易法司法案例彙編，頁三九七，八十三年四月。

　　檢察官認為本案行為人僅為商品容器空罐之仿造，故依刑法第二百五十三條論斷。被告僅為商品包裝之印製，並非產製、販賣該等產品，故難謂其與商標法所定「使用」之要件相當，商標法第六十二條之罪嫌尚嫌不足。蓋其認為被告僅於「製造」仿冒空罐之階段，未在臺灣裝填銷售，且被查獲時空罐在倉庫中，未達仿冒之「使用」階段，故與商標法第六條所稱商標之使用「係指將商標用於商品或其包裝或容器之上，行銷國內市場或外銷者而言」不合，因此尚無商標法第六十二條之適用。在行政法院二十九年度判字第二十一號亦認為：「所謂商標之使用，乃指意圖仿冒，將黏附商標之商品，行銷於市面之謂。是以，若僅製成商品商標而封存於倉庫或呈送官廳查驗，均與行銷市面之條件不合，且無防止之必要，不能認為商標之使用。」故刑法僅規定「意圖欺騙他人而偽造或仿造已登記之商標、商號者」，實務即將單純之偽造仿造商標行為，未達銷售階段者，依刑法之規定論處。因此可見實務將刑法第二百五十三條視為商標法補充規定，商標法所不能及之仿冒行為階段，如單純之製造、生產，尚未與商品結合或銷售者，無商標法第六十二條之適用，而由刑法制裁之。

　　然而依前所述，商標法實為刑法之特別規定，從立法過程及構成要件之分析皆可得此結論。刑法之「商標使用」定義應與商標法規定者有相同之內涵。本案之仿造空罐行為，實際上即為銷售之用。此處不能認為製罐者本人不從事銷售之行為，即不該當商標之仿冒行為。因為很難想像有人製造大量仿冒商品之包裝容器，僅欲放置在倉庫中而無將成品移作他用之意圖，無論係供他人使用或自己使用之意圖，應該都是制止仿冒行為之刑事制裁所欲規範之行為，否則根本不能達到制止仿冒行為之目的。檢察官顯然將「商標使用」之定義，認為商標仿冒「行為」之階段亦須依照該要件論斷。縱使如此，新商標法第六條已將商標之使用定義修正為「本法所稱商標之使用，係為行銷之目的，將商標用於商品或

其包裝、容器、標帖、說明書、價目表或其他類似物件上，而持有、陳列或散布。商標於電視、新聞紙類廣告或參加展覽會展示以促銷其商品者，視為使用。」將商標之使用概念作一明確的規定，實際上商標之使用幾乎皆為行銷之目的，仿冒商標者亦是。因此，雖未將仿冒品行銷至市面上，但是其已造成損害之虞，卻是絕對可以確定的，頂多以未遂犯論處之。本案由於法院尚未判決，因此無從得知法院適用之見解為何。

第二款　仿造商標並販賣之行為

第一目　案例分析

一、案例事實(注三八)

被告明知「瑪佳 MAJA」及西班牙女郎持扇跳舞圖樣所組合之商標，係西班牙商瑪露吉雅公司，向我國經濟部中央標準局註冊取得商標專用權，專用於肥皂、香皂類產品，且為相關大眾所共知之商標。被告未經該公司授權使用，而基於概括之犯意，自八十一年元月間起，連續多次擅自將自己註冊之若詩媚「IMAIMA」商標之圖標，仿照上開商標將 IMAIMA 書寫成與 MAJA 美術字體近似之文字，再使用一西班牙女郎持扇之圖形，組合成外觀上與上開商標極近似之商標，而使用於其所生產之若詩媚香皂上，並使用相同之長條內裝三圓形香皂之盒裝，致與「瑪佳 MAJA」香皂商品生混淆，並連續行銷市面多次販賣予不特定之人。後在上址經警查扣若詩媚香皂二五〇盒，案經瑪露吉雅公司訴請原法院檢察署檢察官偵查起訴。

二、法院判決理由（摘錄）

(一)參照二者商品對比之相片，可見被告在使用自己註冊之商標「IMAIMA」時，故將字體書寫成與告訴人使用商標中之「MAJA」

注三八　臺灣高等法院高雄分院刑事判決，82 年度上訴字第 1761 號，判決書全文詳見公平交易法司法案例彙編，頁二一八～二二二，八十三年四月。

文字極其近似，又告訴人爲一西班牙商，因而在其註冊之商標中使用一穿著西班牙傳統衣服之持扇跳舞爲圖樣，而被告在其香皂產品之盒裝上，除如上所述近似文字外，並印製一持扇之西班牙女郎圖，二者組合而成，與告訴人之右揭註冊商標，其構圖意匠相彷彿，異時異地隔離觀察，外觀上不無引起混合誤認之虞，且該二商標，均使用於同一商品香皂上已如前述，易使一般消費者，施以普通之注意，猶不免發生混淆誤認。

（二）本院審理中，將被告所生產之香皂，與告訴人所生產之香皂，送請經濟部中央標準局鑑定，結果：「若詩媚」香皂（卽被告所生產之香皂）之外文「IMAIMA」字樣與註第三一七〇九一、三一七〇九二號商標圖樣（卽告訴人之註冊商標）之外文，二者字體設計意匠及設色相彷彿，異時異地隔離觀察，在外觀上易滋混同；依行政審查觀點，似屬近似之商標等情，有該局八十二年八月十一日臺商八一〇字第二一五五九四號函在卷可按，再參以被告之「若詩媚」商標，因與告訴人之商標構成近似而使用，已被中央標準局撤銷「若詩媚 IMAIMA」之商標專用權，有該局商標撤銷處分書附卷可稽等情以觀，被告有仿冒他人商標犯行，至爲明顯。

（三）被告於同一商品，使用近似於他人註冊商標之圖樣，係犯商標法第六十二條第一款之罪，又被告將仿冒商標之商品行銷於國內外市場之販賣行爲，已包含於商標法第六十二條第一款仿冒商標犯行中，因而不另論其犯商標法第六十二條之二之販賣仿冒商標物品罪，檢察官指上開二罪有方法與結果之牽連關係，自屬尚有誤會，併予說明（原判決未加說明，尚有疏漏，亦應指明）。再公平法已於八十一年二月四日開始施行，被告販賣使用近似相關大衆所共知之他人商標之商品，係違反公平法第二十條第一項第一款之規定，應依同法第三十五條處斷，被告先後多次犯行，所犯罪名相同，時間緊接，反覆爲之，顯係基於概括之犯

意而爲之，應依連續犯之規定論以一罪，又被告所犯上開二罪，有方法與結果之牽連關係，應從一重之使用近似他人商標罪處斷。

第二目　本文評析

一、偽造商標後復行販賣，應如何論斷？

就仿冒商標之行爲部分，被告於同一商品使用近似於他人註册商標之圖樣，法院認其違反商標法六十二條第一款，並未論及是否違反公平法第二十條，故法院並未就該商標是否已達相關大眾所共知而做判斷或認定。但就其販賣該商品之行爲，不另論商標法第六十二條之二，而認爲包含於六十二條第一款之仿冒商標犯行中。蓋仿造商標行爲並隨之販賣該仿冒品，實務上之看法有不同見解。有認爲同時構成第六十二條與（舊）第六十二條之二，依刑法想像競合規定從一重處斷(注三九)。有認爲應採吸收說，僅論以偽造罪(注四〇)。

本書認爲應將偽造後之販賣行爲視爲包含於商標法第六十二條之中，不另論販賣仿冒商品罪，此乃就同一法益侵害之不罰之後行爲。所謂不罰之後行爲，係指在違犯一個犯罪行爲之後，另爲一個後行爲，此後行爲所侵害之法益在原法益之範圍內，對前行爲所造成的狀態加以利用與保持，其不法內涵亦包括在前行爲之處罰範疇內(注四一)。其不罰之理由在於前行爲之犯罪完成後，以有一定之違法狀態存續，即對於該後行爲之違法已評價在內。因此，後行爲形式上雖該當另一罪，實質上已無重

注三九　陳璞生，刑法專題研究，頁四六九；廖正豪，法條競合、想像競合犯及牽連犯，刑事法雜誌，第十卷第一期，頁八八。

注四〇　林山田，論刑事判例中的吸收，法令月刊，第四十一卷第九期，頁一三；郭棋湧，吸收犯理論之適用，軍法專刊，第三十六卷第二期，頁十三；刑事法律專題研究（一），司法院七十二年十二月印行，頁三〇〇。

注四一　Baumann/Weber, *Strafrecht*, S. 679; Jescheck H., *Lehrbuch des Straf rechts*, S. 601; 甘添貴，論不罰之後行爲，軍法專刊，第三十八卷第九期，頁二〇；蔡墩銘，不罰之前行爲及後行爲，法令月刊，第三十七卷第十期，頁九。

複處罰之必要。對於同一法益之保護，可能存在數個不同之刑罰法規規範之。僞造商標後復行販賣，販賣行爲之所以不罰，因爲僞造他人之商標商品，必須要販賣才有實益，且僞造與販賣二行爲所侵害者爲同一法益。況且依商標法使用之定義，僞造後復行販賣之行爲，已該當同一個「使用」之構成要件內涵，宜逕依商標法第六十二條第一款處斷，此條款卽所謂之「雙行爲犯」（Zweiaktige Delikte），係指在一個獨立構成要件中兼含兩個行爲之犯罪，又稱爲實質結合犯（注四二）。由此可知，商標法第六十三條（舊法第六十二條之二）主要規範者，係指非僞造仿造者所爲販賣輸出輸入仿冒商品之行爲人而言。

二、商標法與公平法販賣仿冒商品規定之關係

　　法院旣已將販賣行爲視爲仿冒行爲不罰之後行爲，而不另論商標法第六十三條之罪。然而又將同一販賣行爲認爲違反公平法第二十條第一項第一款販賣相關大衆所共知之他人商標之商品罪，且認爲上開二罪，有方法與結果之牽連關係，從一重之使用近似他人商標罪（商標法第六十二條第一款）處斷。此種認事用法顯然有誤，蓋旣已認爲不另論販賣罪，卻又將同一販賣行爲以公平法論斷，而未判斷該商標是否爲相當大衆所共知，卽率爾論以公平法，乃第二個錯誤；關於仿冒商品之流通行爲，刑法、商標法及公平法之規範目的實爲相同。只是公平法所規範之客體種類較多，而且該客體須符合「相關大衆所共知」之要件。因此，可見實務上對於公平法此一新法之瞭解仍不夠，仍然將之視爲商標法之特別法或「重法」，只以刑度高低作爲適用之依據，完全沒有針對構成要件之範圍作一比較適用。而對於刑法中關於仿冒商標之刑事制裁，法院在引用法條時，「幾乎忘了它的存在」。或許是刑度太低（最高爲一年之徒刑），再者商標法之規定爲刑法第二百五十三條之特別規定，依「特別法優於普通法」之原則，刑法之規定常常備而不用。

注四二　林山田，刑法通論，頁一二七，八十二年八月，增訂四版。

第三項 販賣仿冒商品之行為

對於販賣仿冒商品之行為，法院常引用（舊）商標法第六十二條之二，即新商標法第六十三條，以及公平法第二十條第一款規定。二者之間之適用關係，有認為屬於法條競合關係，故以刑罰較重之公平法（三年）論斷；有認為商標法之範圍較小，為公平法之特別法。販賣仿冒商品之案例是法院受理最多者，以下便就實務判決分析之。

第一款 公平法與商標法乃法條競合之關係

公平法第三十五條較商標法第六十二條之二處罰較重，二者為法條競合之關係，應優先適用公平法（高院臺中分院八二上易字第二五五一號判決）(注四三)。

一、案例摘要

被告從事百貨用品銷售多年，並為經銷「皮爾卡登」商品之專門店，其明知「皮爾卡登 Pierre Cardin」商標業經法商皮爾卡登向我國經濟部中央標準局獲准註冊登記，取得商標專用權（指定使用於皮帶、皮夾、皮包、皮革、皮帶扣、鈕扣等商品），仍在專用期間內。且該商標之商品在市場行銷多年，為業界及消費者等相關大眾所共知，竟於八十二年三月間，向不詳姓名人一次購入仿冒該皮爾卡登（Pierre Cardin）商標之皮夾十餘個，皮帶十多條，並基於概括犯意，連續多次販賣予不特定顧客多個（條），致該使用相同商標之他人仿冒之皮夾、皮帶與眞正之「皮爾卡登」商品發生混淆。後經警方查獲，移送彰化地方法院檢

注四三　判決全文詳見，公平交易法司法案例彙編，頁二八四～二八八，八十三年四月。另外在公平會所收集之判決中，有許多類似案例，亦採法規競合之適用原則，以較重之公平法判決。可參考案例彙編中，頁一四四以下關於第二十條之案例，至少有十個以上，例如臺北地院82年度易字第591號、82年度易字第1988號、82年度易字第5688號、82年度易字第6986號；花蓮地院82年度易字第196號；高雄高分院82年度上訴字第1761號等。

察署檢察官偵查起訴。

　　二、判決理由（摘要，雙括號『』為筆者自加）

　　（一）被告坦認確實販入「皮爾卡登」皮帶、皮夾，並多次銷售予不特定客人。惟否認其明知為仿冒商標之商品而販賣，辯稱伊不知所販賣者係仿冒品。惟查被告所販賣，而經營查獲之皮帶、皮夾，均係仿冒「皮爾卡登 Pierre Cardin」商標之偽品。而被告既供承其做百貨、賣飾品有三、四十年，經銷「皮爾卡登」商品已有十多年等語，則其對「皮爾卡登」商品之真偽應有相當之辨識能力，被告應知真品與仿品之差別。且其既為經銷「皮爾卡登」商品之專門店，自應向合格授權之代理商進貨，而有一定之管道，並應獲得進貨發票資為憑證，豈有向不詳姓名人購買不明貨源之商品之理，益證被告應係明知為仿冒「皮爾卡登」商標之商品，因貪圖低價而買入，藉圖厚利。是被告之犯行洵足認定，所辯不知其販賣之皮包、皮夾係仿冒商標之商品云云要屬卸責之詞，不足採信。

　　（二）經查「皮爾卡登 Pierre Cardin」商標係屬名牌，被告銷售該品牌之商品亦有十餘年，則該商標非但經我國經濟部中央標準局註冊登記，應受我商標法之保護且係業界及消費者等相關大眾所共知之商標，是被告明知所販入之皮帶、皮夾係仿冒該商標之商品，足使人與真品發生混淆，竟仍販賣核其所為係違反公平法第二十條第一項第一款之規定，應依同法第三十五條論罪科罰。雖被告所為亦成立商標法第六十二條之二明知仿冒商標商品而販賣罪，『惟與上開公平法（於八十年二月四日公布，並於八十一年二月四日施行）之規定具有法條競合關係，依重法優於輕法之原則，自應論以法定刑較重之公平法第三十五條之罪』。公訴人認應成立商標法第六十二條之二之罪，其起訴法條尚有未洽，應予變更。

第二款　公平法與商標法乃普通法與特別法之關係

　　另有實務判決認為，公平法並無代替商標法之目的，僅於商標法無特別規定或不完備時，具輔助作用而已，故商標法之範圍應較小，為公平法之特別法（板橋地院八一易字第六六七六號判決）(注四四)。

一、案例事實

　　被告明知系爭商標專用權分屬他人，且已向經濟部中央標準局申請註冊之商標，經核准使用於商標法施行細則第二十七條第十四類之商品。被告意圖營利，於八十一年以一箱一千六百元之代價購買使用仿冒前開商標圖樣之機油共五箱後，即基於概括之犯意，在其前開店內以一罐新臺幣七十元之代價，出售予不特定之顧客多次。嗣於為警察查獲，並移送臺灣板橋地方法院檢察署檢察官偵查起訴。

二、判決理由

　　(一)被告所販售之商品與告訴人之商品比較，外觀上相同，顯係仿冒他人之商標。而被告係向他人購買商品，並非向告訴人公司之經銷商購買，被告為從事機車零件等買賣業務，難謂其不知前開機油係仿冒他人商標之商品，所辯並不知前開商品係仿冒云云，並非可採。

　　(二)被告所為，係犯商標法第六十二條之二之明知為於同一商品，使用相同於他人註冊商標之圖樣之商品而販賣罪。公訴意旨雖認被告同時係犯公平法第三十五條之罪，與前開商標法第六十二條之二之罪具法條競合之關係，應論以具特別法性質之公平法第三十五條之販賣使用以相關大眾所共知之他人商標表徵之商品之罪云云，惟本件商品之商標均已註冊，有商標註冊證書影本可證，「而所謂特別法是指同一事項中範圍較小之規定，蓋公平法之立法，並無代替商標法之目的，僅於商標法無特別規定或不完備時，具輔助作用而已，公平法第二十條第一項及同法第三十五條之規定縱亦涉及侵害商標之救濟，應亦僅在各種不同情況

注四四　板橋地院81年易字第6676號判決書，全文詳見公平交易法司法案例彙編，頁一八九～一九三，八十三年四月。

下，對商標法未規定制裁之侵害事實加以取締之一種商標救濟之方法，故商標法的範圍應較小，應為公平交易法之特別法」，公訴人認被告應論以公平法第三十五條之罪，尚有未洽，起訴法條應予變更。其意圖販賣而陳列之行為為其販賣之犯行所吸收，不另論罪。

第三款　本文評析

販賣仿冒商標商品之行為，由法院適用法條之趨勢觀察，以第一種見解居多(注四五)，即，認為公平法第三十五條之處罰規定較商標法第六十二條為重，二者為法條競合之關係，因此優先適用公平法。而第二種見解認為，公平法具商標法之輔助作用，僅於商標法無特別規定或不完備時適用之，因此，商標法之範圍較小，為公平法之特別法。就第一種見解而言，大多數法院之判決皆採之。然而有幾點值得討論者，第一，構成要件之不一致：公平法第二十條與商標法第六十二條、六十三條之構成要件以及規範範圍不相同。公平法所保護之客體包括商標、商品容器包裝外觀等商品表徵，而商標法僅就已註冊之商標，賦予專用權及保護之規定。販賣仿冒商標之商品，若該商標為已經註冊者，則以商標法第六十三條（舊商標法第六十二條之二）規範之已足。若證明該商標已為「相關大眾所共知」，方有依公平法第二十條第一項第一款後段規範之可能。法院並未就公平法與商標法之構成要件作一釐清或分析，直接認定凡販賣仿冒商標商品之行為同時該當二法，恐有違誤。

第二，當「就同一犯罪事實同時有二法規規範」之情形，「法規競合」之原則方有適用之餘地，此時須同時引用商標法第六十三條及公平法第二十條、第三十五條，而依刑罰較重之公平法處斷。法院卻因為「公平法刑罰較重」，故「二者法條競合關係」，應「重法優於輕法」，

注四五　以公平會所搜集法院判決而編輯成之公平交易法司法案例彙編中，關於公平法第二十條之案件有三十一件，其中關於販賣仿冒商品之類型者，就有二十件之多，更何況未函送至公平會之不起訴書或刑事判決。

適用公平法。此種方法乃是倒果爲因，違反法理之推論。法規競合原則乃是構成要件之競合問題，不單純是刑度高低的適用問題，同一犯罪行爲本來就不應有構成要件相同但刑度不同之規定方式。公平法制定雖較商標法晚，但是商標仿冒之行爲亦屬不公平競爭行爲之一環，解釋適用商標法時，應注入防止不公平競爭之精神，實際上商標及商品服務表徵之保護，已是防止不正競爭法制之一環，此乃各國立法之趨勢。因此，公平法亦不是商標法之特別規定，而應是商標法之上位概念。我國公平法訂定之時間雖較商標法爲晚，其立法理由又認爲「就現行法所未能規範者而有妨礙公平競爭之行爲」，對於使人產生商品主體、營業服務主體混淆之行爲加以禁止，其仍屬於不正競爭法制之規範。加上公平法之規範範圍較廣，縱使包括商標仿冒之情形，亦須符合其他要件如「相關大眾所共知」「致使與他人商品混淆」等，才有公平法之適用。法院單純以「刑度高低」爲比較適用之原則，而所謂「重法優於輕法」，更是無法理解何以刑度重者會較「優」？就法規目的及執法效果而言，若以手段較輕之方式即能達到，就無須使用較重之手段，方符合法治國家之刑罰手段「比例原則」。販賣仿冒商標商品之行爲，固然使仿冒者之商品流通造成損害，有其可非難性，然而民事賠償方式或許才是彌補被害人損失之直接方式，實際上並無須動輒以自由刑制裁之。以公平會所搜集各司法機關之起訴書及判決書觀察，法院就販賣仿冒商標商品之行爲，依「法規競合」原則在引用公平法時，仍多是以罰金處斷，更可得知(注四六)。由此實際上看不出「重」法適用之結果有何不同。因此，關於販賣仿冒商標商品之行爲，仍應先分辨其該當何條文之構成要件，再視有無法規競合之情形，正確地適用法條才是。

注四六 詳見公平會所搜集法院判決而編輯成之公平交易法司法案例彙編中，關於公平法第二十條之案件法院判決之刑度，皆爲六個月以下有期徒刑，並得易科罰金或緩刑。

第四項　輸出輸入仿冒商品之行為

第一款　案例事實及實務見解

　　關於輸出輸入仿冒商品之行為，可以法院之案例分析之(注四七)。本案被告自香港輸入仿冒商品，堆積在儲藏室內即被查獲。檢察官以(舊)商標法第六十二條之二起訴，地院判決直接認定其為相關大眾所共知之商標，且其僅有輸入行為，尚未販賣，故認其違反商標法第六十二條之二輸入仿冒商品罪及公平法第二十條第一項第一款輸入仿冒商品罪，依一行為處犯數罪名之想像競合犯，論以較重之公平法處斷。但高院判決撤銷之。高院撤銷原判決之理由為「僅在公司之儲藏室查獲，足見被告並未將仿冒之商品行銷國內市場或外銷，其所為未達販賣之階段，與公平法第二十條第一項第一款有關」，故認其應為商標法第六十二條之二輸入仿冒商品罪論斷。

第二款　本文評析

　　實務此種見解在商標法修正前似有理由，惟商標法修正後，應有所變更。且高院認為其應以商標法第六十二條之二輸入仿冒商品罪論斷，高院顯然誤解公平法之規定，蓋第二十條第一項第一款後段亦有處罰「輸出、輸入」仿冒商品行為之規定，高院以其行為未達販賣之階段，與公平法所謂商標之使用有關，頂多只能認定其不該當第二十條第一項第一款之「販賣」他人商標罪，而不能認為完全排除公平法同條項該款後段「輸入」罪之適用。

　　商標法修正之後，商標之使用定義亦為之變更。舊法規定「商標之使用，係指將商標用於商品或其包裝或容器上，行銷國內市場或外銷者而言。」實務上認為仿冒品若儲存於倉庫中，則未達販賣之階段，非屬於商

注四七　詳見臺北地院82年度易字第314號，高院82年度上訴字第6867號刑事判決。

標之使用。行政法院二九年度判字第二一號即認為:「所謂商標之使用, 乃指意圖仿冒, 將黏附商標之商品, 行銷於市面之謂。是以, 若僅製成商品商標而封存於倉庫或呈送官廳查驗, 均與行銷市面之條件不合, 且無防止之必要, 不能認為商標之使用。」但新商標法第六條規定:「本法所稱商標之使用, 係指為行銷之目的, 將商標用於商品或其包裝、容器、標帖、說明書、價目表或其他類似物件上, 而持有、陳列或散布。商標於電視、廣播、新聞紙類廣告或參加展覽會展示以促銷其商品者, 視為使用」, 如此擴大了商標使用之範圍, 實際上商標仿冒之受制裁之原因即在其為銷售之目的而為之仿冒行為。因此類似本案之情形, 適用新商標法之結果, 為行銷之目的而單純持有仿冒商品, 縱未於市面銷售販賣, 亦可能構成商標法第六十二條之刑責。至於公平法第二十條關於「商標之使用」之解釋是否亦隨同商標法之定義, 在法律之適用及整體架構完整之需求上, 似可採如此之見解。因此, 日後公平會處理第二十條之案件, 應特別注意商標法修正後對於商標使用之定義。

單純仿冒商標、未使用於商品上之行為, 典型案例為綠力水蜜桃汁案。製罐者未將果汁填入空罐中, 僅意圖將仿製空罐外銷而為商品容器之製造。檢察官以刑法第二百五十三條起訴, 理由即為「被告僅為商品包裝之印製, 並非產製、販賣該等產品, 難謂其與商標法所定『使用』要件相當。」法院並未函送該案件至公平會鑑定, 至今公平會亦未接獲判決書, 因此不知其以何條文判決。但業者至公平會檢舉本案, 公平會認為此種行為未達「商標使用」之階段(此處亦採舊商標法對於使用之見解), 故認定不違反第二十條。惟其未經授權在空罐上惡意抄襲綠力系列飲料外觀之行為, 顯然係以違背善良風俗之方法加損害於味丹公司, 誠具社會倫理之非難性及可責性, 嚴重影響正當交易秩序, 核其所為, 已違反公平法第二十四條規定, 故公平會依第四十一條處分之。惟本案若依新商標法對於商標使用之定義, 將商標用於商品或包裝上而單純持

有該仿冒商品，認為即屬商標之使用，則本案應該當新商標法第六十二條刑罰之規定。高等法院判決時（八十二年十二月三十日）新商標法已於同月二十二日通過，然其仍以舊商標法關於商標之使用之規定為理由，認定本案之行為不符「商標之使用」要件，因而無公平法第二十條之適用，而以商標法第六十二條之二輸入仿冒商品罪論斷。蓋因罪刑法定主義、法律不溯及既往原則，本案之判決理由可以理解，但新商標法施行後類似之仿冒行為，法院於適用法律時亦應注意。

公平會在接受法院函請鑑定類似案件時，大多就是否為「相關大眾所共知」及是否「致與他人商品混淆」分析後函覆。若認為有違反公平法第二十四條之嫌，則依職權主動處理。蓋違反公平法第二十四條未涉及刑事罰，其行政罰之權限亦專屬於公平會。相反的，法院審理類似案件時，若認為其行為僅違反商標法之規定，則直接適用商標法，固無問題；然若其認為有違反公平法之嫌或者檢察官以公平法起訴時，仍應先函請公平會鑑定為宜，畢竟公平會為公平法之中央主管機關，對於公平法之適用較為熟悉且客觀。然而實務上法院亦未函送公平會鑑定而直接適用公平法第二十條予以判決者。究其原因，或因公平法為一新法，司法者尚未熟悉，而且公平法第二十條的審理過程，並不像限制競爭行為的審理涉及特殊財經專業知識的判斷；加上公平會處理類似案件往往需要相當時日(注四八)；再加上仿冒案件以往一向皆單純適用商標法，故各

注四八　此點在美國反仿冒聯盟 IACC，向美國代表署建議將我國列名為一九九四年特別三○一優先觀察名單之資料中，其指控之文字如下：「⋯ Moreover. the FTC has proved extremely slow at processing cases, requiring 12 to 18 months per case. This delay has greatly increased the length of criminal and civil litigation and gives infringers an inordinately long period of time in which to hide their assets.」然而此處恐有誤會，因為公平會受理仿冒案件多為司法機關函送鑑定者，在司法機關移送至公平會前已經過司法程序之時間，再加上公平會召開公聽會、函請各機關或業界提供資料，往往須費相當時日，然而並非每個案件皆延宕時日。

法院適用公平法第二十條之判決仍有歧異之處。但是此處恐怕又會產生一個問題：如果類似仿冒案件法院皆將之函請公平會鑑定，恐怕以公平會之人力、時間及業務乘載量，無法負擔此一任務。故，釐清商標法第六十二條、六十三條與公平法第二十條構成要件，以及兩者之競合關係，使法院就仿冒案件適用法律時能有所遵循之原則。

由實務之判決適用公平法之情形可知，商標法與公平法之保護範圍與二者之區別，法院並不是很清楚。尤其公平法第二十條之條文冗長，同一款中規範之行為形態有數種（包括使用他人商標、使用他人商號、商品外觀容器……等，輸入、輸出、販賣、運送仿冒品），不若商標法分段分條將各種形態歸類來得清楚。為了避免因條文冗長而使人無法察覺出公平法第二十條第一、三款後段處罰流通仿冒商品行為之規定，實可將之移置同條第二項，增列「明知為前項之物，而為販賣、運送、輸出、輸入等流通行為者，處一年以下有期徒刑或科或併科一百萬元以下罰金」，如此使條文內容所規範之行為形態更為清楚明顯，刑度的設計上亦符合比例原則。在修改公平法之前，適用公平法第二十條第一款後段或第三款後段規定，更應審慎為之。

第五章 公平交易法關於仿冒行為制裁規定之修法草案

第一節 公平交易法現行之刑罰制裁體系概論

第一項 公平交易法現行制裁體系概論

八十一年二月四日生效施行的公平法，乃因應我國工商業迅速發展、進入經濟轉型期之現狀，為建立新的經濟規範以及公平合理的競爭秩序與環境，維護交易安全與消費者利益而設。此觀諸本法第一條：「為維護交易秩序與消費者利益，確保公平競爭，促進經濟之安定與繁榮，特制定本法。」則可知其立法目的及規範意旨。因此，解釋公平法，應由防止「不正當限制競爭」及「不公平競爭」之角度出發。就「不正當限制競爭」部分，在外國法例多以「反托拉斯法」之形式，規範企業之獨占、結合及聯合行為等。原則上，本法容許獨占、寡占存在，但不得濫用其獨占地位而有害競爭（第十條）；事業結合則對市場競爭可能造成影響，故一定規模之事業結合需經許可（第十一條）；對於聯合行為則採原則禁止例外許可（第十四條）。而「不公平競爭」則規範不當限制商品轉售價格之行為（第十八條）、妨礙公平競爭之虞之行為（第十九條）、仿冒他人商品或服務表徵之行為（第二十條）、不正當多層次傳銷（第二十三條）及不實廣告（第二十一條）、損害他人商譽（第二十二條）以及足以影響交易秩序之欺罔或顯失公平之行為（第二十四條）等。本法之民事賠償規定在第五章中，至於違反公平法禁止

規定之處罰，則規定於本法第六章「罰則」中。

　　關於公平法第六章罰則之規定，大致上可分為四大部分：

　　(一)違反本法禁止行為之處罰規定（第三十五條至第三十九條）

　　(二)未經許可之事業結合之處罰規定（第四十條）

　　(三)違反多層次傳銷管理辦法之處罰規定（第四十二條）

　　(四)拒絕公平會調查之處罰規定（第四十三條）

　　其中二、三、四部分乃以「罰鍰」為處罰效果，係單純違反秩序行為之行政罰，適用上較不生困擾。而在第一部分對於違反本法禁止行為之處罰，又有：

　　　1.逕規定為犯罪行為而以刑罰制裁者（第三十五條、第三十七條）。

　　　2.須經中央主管機關命其停止行為而不停止時，始構成犯罪行為者（第三十六條）。

　　此外，有兩罰原則（第三十八條）、從重處罰原則（第三十九條）等。而於第四十一條，則賦予公平會之行政處罰權限，對於違反本法規定之事業，得限期命其停止或改正其行為；逾期仍不停止或改正其行為者，得繼續限期命其停止或改正其行為，並按次連續處新臺幣一百萬元以下罰鍰，至停止或改正為止。因此發生犯罪行為與行政不法行為之處罰是否「競合」之問題（注一）。

　　就第1、2.類之行為，學者將之區分為「直接犯罪行為」與「附從行政監督之犯罪行為」（注二）。即：

注　一　公平法第四十一條乃立法院二讀時修增。原草案僅限於「事業違反第二十四條規定時」之處罰，惟立法院審核時為強化公平會之職權，乃擴大該條適用之範圍，使得公平會得據以對所有違反公平法禁止規定之行為行使糾正及處罰權，但罰則未配合修正，而使得對違反公平法禁止規定之同一行為，產生罰鍰與刑罰之「競合」問題。

注　二　詳見廖義男著，公平交易法關於違反禁止行為之處罰規定，政大法學評論，第四十二期公平交易法學術研討會會議紀錄，頁三三五以下，後輯於氏著，公平交易法之釋論與實務第一冊，頁五七以下，八十三年二月。

「直接犯罪行為」（第三十五條、第三十七條）包括：

    (1) 獨占事業濫用其市場地位之行為（第十條）

    (2) 事業違反禁止之聯合行為（第十四條）

    (3) 仿冒行為（第二十條）

    (4) 損害他人商譽（第二十二條）

    (5) 不正當之多層次傳銷（第二十三條第一項）

「附從行政監督之犯罪行為」（第三十六條），包括：

    (1) 杯葛（第十九條第一款）

    (2) 差別待遇（第十九條第二款）

    (3) 不正當略誘交易相對人（第十九條第三款）

    (4) 不正當迫使他事業不為競爭或參與結合、聯合行為（第十九條第四款）

    (5) 不正當獲取營業秘密（第十九條第五款）

    (6) 不正當限制交易相對人之事業活動（第十九條第六款）

「直接犯罪行為」，可能產生之問題乃在與其他法典之處罰規定競合：如公平法第二十條與商標法第六十二條、刑法第二百五十三條，皆有關於制裁仿冒商標行為之制裁規定。此種同一類型犯罪形態有多重法規規範之情形，並不能單純用法規競合之原則，或者以比較刑度高低之方式，適用刑度較高之法條定罪科刑，而應就犯罪行為形態，釐清各法條之構成要件範疇及其立法意旨，正確而妥當的適用。「附從行政監督之犯罪行為」指行為違反本法禁止規定者，尚不構成犯罪，須經中央主管機關命其停止其行為，而該事業仍不停止時，始成立犯罪。公平法之制裁體系中，「直接犯罪行為」與「附從行政監督之犯罪」此兩種制裁方式皆有。然而在行政院通過之公平法修正草案中，將刑罰制裁之規定一律改為「先行政後司法」之方式，當然包括前述直接犯罪行為之類型（第三十五條）在內，關於第二十條仿冒行為之制裁亦屬之。

本文接下來首先討論現行公平法中規定之「附從行政監督之犯罪」行為，在實體要件及程序適用上可能產生之問題。再介紹修法草案中刑事制裁之規定修正之原則及方向，特別是關於仿冒行為之刑事制裁規定，評析其修正後之構成要件等問題。

第二項　附從行政監督之犯罪產生實體與程序上之問題

附從行政監督之犯罪行為的規定，依現行公平法，為第三十六條之規定：「違反第十九條規定，經中央主管機關命其停止其行為而不停止者，處行為人二年以下有期徒刑、拘役或科或併科新臺幣五十萬元以下之罰金。」在適用上可能產生的問題，可分為實體要件與程序部分討論之。

第一款　實體構成要件之問題

「附從行政監督之犯罪行為」指行為違反本法禁止規定者，尚不構成犯罪，須經中央主管機關命其停止其行為，而該事業仍不停止時，始成立犯罪。公平法中所以有此種「附從行政監督之犯罪行為」之設計，乃鑑於第十九條所規定之六種情況，其行為是否「不正當」或「無正當理由」，以及是否「有妨礙公平競爭之虞」，須斟酌當事人之市場地位、所屬市場結構、商品特性等市場資料與情況加以判斷。而產業資料與市場情況之調查與掌握，本即屬公平會之職掌（公平法第二十五條第三款），因而該等行為是否違法，宜先由「關於違反本法案件之調查、處分事項」之專責機關，即公平會（公平法第二十五條第四款），加以認定並予以處分，即經其認定確實違反第十九條規定而構成妨礙公平競爭之行為，並因而命其停止其行為而不停止者，其行為人即有非難可責性，而應受刑罰制裁。

　　然而相對地，公平法第三十五條則規定，對於違反第十條（獨占事業濫用市場地位之行為）、第十四條（聯合行為）、第二十條（仿冒行為）、或第二十三條第一項（不正當多層次傳銷）之規定者，逕處以刑罰，並無「經中央主管機關命其停止其行為而不停止」之構成要件。立法者所以有此規定，認為該等行為危害市場競爭秩序之法益相當嚴重；以及該行為具有反社會倫理之非難性，因此規定逕處以刑罰者，直接定性為犯罪行為。立法者立法評價及考量，雖然有其原因，惟與第三十六條「附從行政監督之犯罪」之立法形態相比較，立法者對違反公平法之刑罰規定之犯罪構成要件，並無一貫的評價標準。以第三十五條所處罰之行為為例，第十條事業濫用獨占市場地位之行為，事業是否「獨占」及有無「濫用」其市場地位；或者事業之聯合行為是否「足以影響生產、商品交易或服務供需之市場功能」；仿冒行為所侵害之他人商品或服務之表徵，是否為「相關大眾所共知」；以及多層次傳銷參加人取得之佣金、獎金或其他經濟利益，是否主要非基於其所推廣或銷售商品或勞務之「合理市價」等，各種構成要件是否該當之價值判斷，皆需要對產業資料與市場情況有所掌握始能勝任。基於此種考量，第三十六條既然將處以刑罰之構成要件上，以平時已有調查及蒐集產業資料與市場情況職掌之公平會先行介入，為其處理原則，則第三十五條既有相同之執法背景及立法考量，亦應採相同之處理原則為當。若同一案件，公平會依公平法第二十六條主動職權調查，檢察機關依刑事訴訟法第二百二十八條規定偵查起訴，同時有兩個執法機關對同一案件依行政程序與刑事程序進行，若個別認定事實適用法律之結果不同，所採之制裁效果因而有異，導致人民無所適從，影響國家執法威信等問題（注三）。

注　三　參見廖義男，公平交易法修正之重點與理由，公平交易季刊，第一卷第四期，頁一～四四，八十二年十二月。

第二款 程序適用上產生之問題

附從行政監督之犯罪，在程序上產生之問題則在於其構成要件中之「妨礙公平競爭之虞」之判斷，係屬公平會之認定職權。此種設計固然是考慮到普通法院恐怕欠缺專業之經濟資訊及競爭秩序之認定能力，惟刑事程序仍以刑事法院為有罪無罪判決為最終之結果。若發生刑事法院與公平會認定有差異之情形，則應以何者為斷？若說公平會之認定有絕對之拘束力，則司法機關豈不淪為行政機關之背書人？但若法院可任意推翻公平會之認定，則易導致行政功能癱瘓、人民無所適從之弊。

而程序進行及執行上更因為行政程序與司法程序之不同而會產生若干問題。由於公平會之「命其停止行為」是一行政處分，當事人對之不服可提起訴願、再訴願及行政訴訟。因此，當事人對該處分表示不服而提起行政救濟程序，並且不停止其行為時，是否即有本法第三十六條「經中央主管機關命其停止其行為而不停止者」要件之該當？若訴願決定或行政法院判決視公平會之處分違法而將之撤銷，而刑事法院已將該行為人依第三十六條判處徒刑或科罰金時，則應如何救濟？是否可視為上訴事由或依再審程序聲請救濟？固然於刑事偵查或審判程序中，檢察官及法官最好在該訴願或行政訴訟案件確定後，再進行刑事程序。惟刑事訴訟法第二百六十一條、第二百九十七條僅明文「犯罪是否成立或刑罰應否免除，以『民事』法律關係為斷者」，檢察官「應」於民事訴訟終結前，停止偵查；而法官「得」於其程序終結前，停止審判。對於「行政救濟」程序，則無明文應停止刑事程序進行之規定。為解決此種困境，最好於刑事訴訟法中將「行政程序之進行」增加其中；或者於公平法中增訂類似商標法第六十條之規定：「在商標評定程序進行中，凡有提出關於商標專用權之民事或刑事訴訟者，應於評定商標專用權之評決確定前，停止其訴訟程序之進行。」俟公平會處分案件行政處分之救濟程序確定之後，再開始刑事訴訟程序。在未修法前，只有依「類推適用」

(Analogie) (注四) 之方式，以刑事訴訟法、商標法之規定作為法律適用之依據，以求刑事程序與行政程序之配合，避免一案兩判，致生判決歧異之困擾。

　　附從行政監督之犯罪行為之立法方式，固然有其立法理由，尤其是公平法乃規範經濟性行為，對於何種行為違反經濟秩序或公平競爭之精神，而須受刑罰非難，往往涉及專業知識或者市場資訊之綜合判斷，以中央主管機關公平會先就行為是否違反公平競爭為作判定，以行政處分要求其停止或者處以行政罰鍰，宣示其違法性；而後行為人若不停止，則其明顯故意違反經濟秩序以及正常競爭之行為，應受更進一步之刑罰制裁。由制裁之手段的選擇而言，對於法典所宣示之禁止行為或欲達到之立法目的，若以行政罰之方式即可達到，且較能達到有效性與目的性，則無須以較重且具最後手段性之刑罰制裁方式。再從行為所破壞之法益衡量，若其行為之不法內涵，尚未達到須受刑事非難之程度，則無須以刑罰手段制裁之。蓋刑罰動輒限制剝奪人民之自由及財產之效果，實應採取「刑罰經濟原則」，不宜輕率為之。

第二節　修法草案中之「先行政後司法」原則

第一項　公平交易法修法草案之概述

　　公平法於八十年二月四日公布，並自八十一年二月四日施行以來，經三年多來之執行，發現本法之規定有些須作更縝密之規範，或者有前後條文不相協調以及窒礙難行之情形，導致於影響公平法立法目的之實

注　四　「類推適用」於實體法時，對於惡化行為人地位者，始載禁止之列。
　　　　至於刑事程序中，無論有利或不利於行為人，均允許類推適用。參見
　　　　Baumann, J., *Straftrecht, Allgemeiner Teil*, 8. Aufl, 1985.
　　　　S. 16; 林山田，刑法通論，頁四五，八十二年八月，增訂四版。

現。故公平會乃擬具「公平交易法部分條文修正草案」，並已於八十三年四月經行政院院會通過，該草案共修正七條，修正要點如次 (注五)：

（一）為順應業者反映與節約行政成本及產業資料之掌握與統計等考量，刪除獨占事業公告規定（修正條文第十條）。

（二）刪除市場占有率達五分之一事業，由中央主管機關定期公告之規定，以符實際需要（修正條文第十一條）。

（三）現行對於濫用市場獨占力量等行為者逕處刑罰之規定，迭經業者反映過於嚴苛，且學者專家亦多次建議經濟秩序行為之管理，宜以行政處理為優先，爰改採「先行政後司法」之處理原則（修正條文第三十五條及第三十六條）。

（四）為求國家法制之齊一，避免司法機關執法之困擾，確保公平競爭、維護交易秩序及促進經濟之安定與繁榮，爰參考刑法第二十七章妨害名譽及信用罪規定，將違反本法第二十二條之規定者，修正為處行為人二年以下有期徒刑、拘役或科或併科新臺幣五十萬元以下罰金，且明定須告訴乃論 (注六) （修正條文第三十七條）。

（五）現行對於違反本法規定之事業得先命停止或改正之規定，易致事業存有可違反本法一次而不受處罰鍰之僥倖心理，為促使事業養成守法觀念，增強執法效果，爰增訂公平會對違反本法之事業得逕處罰鍰之規定（修正條文第四十一條）。

（六）明定本法修正條文自公布日施行（修正條文第四十九條）。

修法草案中對於刑罰規定之修正幅度最大，可謂影響最多者。因為

注　五　關於修法詳細內容，詳見公平會第一百三十四次報告案五；學說論述可參考廖義男，公平交易法修正之重點與理由，公平交易季刊，第一卷第四期，頁一～四四；廖義男，公平交易法的修正原則與方向，工商時報，八十二年十月二十七、二十八日；公平法修正應走的方向，經濟日報，社論，八十二年十月二十六日。

注　六　關於損害他人營業信譽問題，可參考張麗琴，損害他人營業信譽之研究，公平交易法論述系列第二輯，頁八五，八十二年十一月。

所有關於違反公平法禁止規定之刑事制裁規定皆依「先行政後司法」之方式修正。依草案，第十條獨占事業濫用市場之行爲、第十四條未經許可之聯合行爲、違反第二十條之仿冒行爲、第二十三條不正當之多層次傳銷行爲、以及原本即爲附從行政監督犯罪之第十九條不公平競爭行爲，皆優先以公平會依修正後第四十一條規定以行政罰鍰制裁之；若經罰鍰處分後不改正或停止其被公平會宣示爲違法之行爲，則因其可非難性增加，以行政處分不足規範制止之，且其侵害之法益狀況未停止，故再以刑罰制裁規定處罰之，刑罰制裁應屬最後不得已之措施。刑罰係國家對違法行爲用以制裁之最嚴厲手段，依憲法第二十三條所揭示「限制人民自由權利，以有必要者爲限」之意旨而蘊含之「比例原則」(注七)。所謂「比例原則」，即國家爲達一定目的而不得不對人民自由權利有所侵害時，如有多種同樣能達成目的之方法者，應選擇對人民權益損害最少者爲之，否則，即超出必要範圍而屬過分，與憲法第二十三條所強調之「必要」意旨有所牴觸。故對人民爲違法行爲而欲加以制裁時，先經處以較輕之處罰手段（如行政罰鍰等）而仍不能達到警惕及嚇阻作用者，始不得已才考慮處以較重及嚴厲之刑罰，即採「先行政後司法」之處理原則，應符合「比例原則」之要求。

此次修法草案中，對於刑罰規定之修正，認爲經濟秩序行爲之管理，宜以行政處理爲優先，且現行法中存有若干不確定法律概念用語，運用時須有完整之市場資料作爲判斷基礎，尤須先有行政權介入，以爲預警，於是就處罰規定改採「先行政後司法」之處理原則。公平法第二十條仿冒行爲之制裁規定亦包括在內，以下便就此種修法之構成要件規定評述之。

注 七 參考廖義男，公平交易法修正之重點與理由，公平交易季刊，第一卷第四期，頁一～四四。

第二項　修法草案中對於仿冒行為制裁之構成要件規定

　　修法草案中，第三十五條之條文改為「違反第十條第一項、第十四條、第二十條第一項或第二十三條第一項規定之事業，經中央主管機關處以新臺幣五萬元以上五十萬元以下之罰鍰並限期命其停止或改正其行為而逾期未停止或改正，或停止後再為相同或類似違反行為者，處行為人三年以下有期徒刑、拘役或科或併科新臺幣十萬元以上一百萬元以下罰金。」第三十六條則修訂為「違反第十九條規定之事業，經中央主管機關處以新臺幣五萬元以上五十萬元以下之罰鍰並限期命其停止或改正其行為而逾期未停止或改正，或停止後再為相同或類似違反行為者，處行為人二年以下有期徒刑、拘役或科或併科新臺幣五萬元以上五十萬元以下罰金。」為貫徹「先行政後司法」之處理原則，草案中第三十五條及第三十六條對違法行為處以刑罰之構成要件上，採相同之處理原則方式。依修法草案規定，獨占事業濫用其市場地位之行為、或事業為聯合行為、仿冒行為、不正當多層次傳銷，不再是立即構成應受刑罰制裁之犯罪行為，而是與妨礙公平競爭行為一樣，仍須具備兩要件，即：1.經中央主管機關依修正後第四十一條處以罰鍰；2.並經中央主管機關命其停止或改正其行為而未停止或改正，或停止後再為相同或類似違反行為者，才有刑罰適用之餘地。

　　條文中所謂「經中央主管機關處以罰鍰並命其停止或改正其行為」，係指公平會依「修正後」第四十一條前段，對於為該等行為而違反公平法規定之事業，處以罰鍰，並命其停止或改正其行為而言。所謂「再為類似違反行為」，指事業再為與原來違法行為類似之同一型態及性質之違法行為。所謂「再為相同違反行為」，指事業重複為同一違反行

為。公平會對為該等違法行為之事業，曾以行政罰鍰予以處罰及警惕，並加以糾正，命其停止或改正該等違法行為。經處以罰鍰並命其停止或改正其行為而未停止或改正者，即表示行政罰鍰並未達成其警惕與嚇阻之作用，且「命其停止或改正其行為」之處分亦未能有效發生糾正之效果，亦即行為人任其事業繼續為違法行為侵害同業競爭者或交易相對人之權益及妨礙市場競爭秩序，顯現行為人具有反社會倫理之非難性，且曾施加之行政罰鍰既然不能有效達成其警惕與嚇阻之效果，則在制裁手段上，即應考慮以更嚴厲之刑罰為其處罰措施，俾能有效發揮其嚇阻作用，因此，行為人在此種情況下，即應受刑罰之制裁。

　　公平法第二十條之構成要件，在修法草案中並未變更，只是關於刑事制裁效果部分，即第三十五條之規定既已修改為「先行政後司法」之方式，對於第二十條所宣示禁止之仿冒行為，便由現行法直接處以刑事制裁之效果，改由公平會先就仿冒行為以行政罰鍰之處罰，若未停止或改正，或停止後再為相同或類似之違反行為，則依刑事制裁程序予以處罰。第二十條所禁止之仿冒行為，包括使用相關大眾所共知之他人姓名、商號、公司名稱、商標、商品容器、外觀、包裝等顯示他人商品之表徵，致與他人商品混淆之行為；以及使用相關大眾所共知之營業服務表徵，致與他人營業或服務之設施或活動混淆之行為；另外包括於同一或同類商品，使用相同或近似於未經註冊之外國著名商標之行為；當然流通上述仿冒商品之行為，如販賣、運送、輸出輸入等亦為受禁止之行為。這些行為影響正常競爭秩序及公平之交易環境，屬於不公平競爭行為之類型，而又因為該條文中許多不確定法律概念及完整之市場交易資訊之獲得，公平會以行政權介入，先於司法機關為判斷及預警，在經濟秩序的維持上，屬於可以接受且較為完善之方式。

　　在實務運用上，恐會產生某些問題者，在於第二十條之商品或服務表徵，涉及非商標之表徵，如商品容器包裝外觀等較無問題，因為除公

平法外，並無其他制裁之規範。然而就商標之仿冒案件而言，以往司法機關皆適用商標法之規定論罪科刑；而在本書第四章，就仿冒商標行為適用多重刑事制裁法規之實務判決情況分析，得知實務上對於公平法及商標法之規範意旨及構成要件之差異，尚無一致且正確之見解；往往在商標仿冒案件中，司法機關未詳究該仿冒商標行為是否同時該當公平法及商標法，而直接視為一行為有數法規同時可適用，即「法規競合」之情形，以刑罰較重之法規論斷。而關於公平法第二十條之案件，司法機關又同時有兩種作法，一為函送公平會就第二十條之構成要件鑑定，且採取公平會之專業意見，據以為判決之理由；另有未經函送公平會鑑定之程序，直接認定適用法規者。此種實務上運作程序之差異，有許多原因造成。除了司法機關不熟悉公平法第二十條實體構成要件之真正內涵外，公平法本身就程序方面，並無明文規定公平法之案件涉及其他民刑事程序者，須先經公平會審理或鑑定之規定，因此司法機關就刑事制裁案件便不一定採取函送公平會之程序。然而此種作法易導致行政機關與司法機關就同一案件為不同認定，產生行政處分與司法判決差異，人民無所適從，影響國家威信之結果。

　　公平法修法草案中，既已將刑事制裁規定改為「先行政後司法」之方式，若修法通過後，凡是涉及違反公平法之案件，一律先由公平法之主管機關受理，依其專業資訊及認定結果，決定是否以行政罰鍰處分之，以及處分後行為人是否停止或改正其違法行為，司法機關再據以為發動刑罰程序之原因。如此可改進現行法運作上缺失及可能產生行政處分及司法判決不同結果之矛盾。就公平法第二十條，關於其他商品或服務表徵之仿冒行為，適用上不致生困擾；然而就商標仿冒案件，仍須注意到商標法與公平法關於制裁規定的差異。商標法係制裁「於同一或類似商品、仿冒已登記之商標之行為」（服務標章亦同），其以「註冊登記」作為要件，並不以實際使用或具有一定經濟實力之事實為要件。商

標法之目的在於保護法律賦予之排他專用權，以及註冊登記制度所劃定
建立商標使用的安全保護領域，藉由競爭市場對此制度的信賴，形成一
種商標使用之秩序。而公平法則禁止引起商品主體混淆之矇混行為，藉
由制止不公平競爭行為而達到維護競爭秩序之目的，進而反射出受保護
商品之獨占性的事實結果。因此該表徵須在市場上具有表彰特定商品主
體的實際作用，且為相關交易者所認識。此種構成要件的要求便須相當
市場資訊及交易方式的判斷分析，才能據以認定。因此，就商標仿冒案
件，可以認為應先就商標法上之保護規定尋求救濟，蓋其構成要件「登
記註冊」「同一或類似商品」較為明確，司法機關在判斷上不易生問題。
若當事人或司法機關對於該商標，產生是否已達「相關大眾所共知」之
疑義，即會發生是否適用公平法第二十條之規定處斷之情形。由於違反
公平法之行為，若侵害他人權益者，被害人得請求除去該行為，有侵害
之虞者，並得請求防止之，在公平法第三十條有規定；而被害人又有請
求損害賠償之權利（第三十一條至第三十四條），因此被害人可能主張公
平法作為論罪之依據，以便於依公平法為民事賠償之請求。至於刑罰方
面，違反公平法第二十條之刑度為三年以下或併科一百萬元以下罰金，
與商標法第六十二條三年以下或併科二十萬元罰金相較，顯然較重。若
真有仿冒商標行為同時該當兩種法規時，即，該商標不僅已註冊，且業
者亦提出相當證據證明該商標已經長久使用銷售及廣告，已被公平會認
定為相關大眾所共知之商標，仿冒者之行為即同時該當公平法及商標法
之規定，此時產生法規競合之現象，即需要引用較重之公平法論斷。因
此，修正後之公平法第三十五條配合第二十條，尤其是司法機關在適用
時，應特別注意此種構成要件之特殊設計，以及與商標法規定之區別實
益衍生之適用問題。

第三項　小　　結

刑罰之作用，應在於以往發生之違法行爲所造成法益損害之懲罰手段，或因其不停止而造成法益損害之繼續或擴大之制止措施。惟刑罰制裁應屬最後不得已之措施，按刑罰係國家對違法行爲用以制裁之最嚴厲手段，依憲法第二十三條所揭示「限制人民自由權利，以有必要者爲限」之意旨而蘊含之「比例原則」，刑罰做制裁手段，應屬最後不得已之措施 (注八)。所謂「比例原則」，卽國家爲達一定目的而不得不對人民自由權利有所侵害時，如有多種同樣能達成目的之方法者，應選擇對人民權益損害最少者爲之，否則，卽超出必要範圍而屬過分，與憲法第二十三條所強調之「必要」意旨有所牴觸。故對人民爲違法行爲而欲加以制裁時，先經處以較輕之處罰手段（如行政罰鍰等）而仍不能達到警惕及嚇阻作用者，始不得已才考慮處以較重及嚴厲之刑罰，公平法之修法草案，卽採「先行政後司法」之處理原則，應符合「比例原則」之要求 (注九)。

依修正後公平法第三十五條之刑罰制裁，並不影響公平會依第四十一條後段處以罰鍰，並繼續限期命爲違反公平法規定之事業停止或改正其行爲之行政罰之行使。蓋公平會對於事業逾期仍不停止或改正其行爲而處以罰鍰者，係在貫徹其糾正權之行使，卽對事業不聽糾正之一種處罰，且其處罰對象爲事業；而依第三十五條處罰之對象則爲事業負責人，且其處以刑罰，係以事業負責人居於事業之機關或代表人或代理人

注　八　刑罰具有倫理性、強制性、痛苦性、必要性、最後手段性等特質，參見林山田，刑罰學，頁十八，六十四年；經濟犯罪與經濟刑法，頁一五七，七十六年。

注　九　關於此問題，參考使用刑罰或秩序罰的立法考量，行政不法行爲制裁規定之研究，計畫主持人廖義男，協同主持人林山田，行政院經建會委託臺大法研所研究，頁一七～二五，七十九年。

之地位，執行其職務或爲事業之利益爲行爲時，卽應遵守法律所課予事業之義務，如其不遵守，致使事業違反公平法之禁止規定而構成違法行爲者，因該不遵守，係由於事業之機關或有代表權或代理權之事業負責人之意思決定，故該等事業負責人必須爲其不遵守法律規定，卽違反公平法禁止規定之意思決定及行爲負責。如該違法行爲造成重大法益之侵害，經主管機關處以罰鍰並命其停止或改正其行爲而仍未停止或改正者，卽顯現該等事業負責人任令其所領導管理之事業繼續爲違法行爲侵害法益，而具有社會倫理之非難性與刑罰可責性。故第三十五條與第四十一條之處罰，兩者之處罰主體、及處罰目的及性質皆有不同，因此可以併罰。

　　公平法施行已三年多，對於目前常見之仿冒行爲，公平會在執法過程中，已陸續建一些處理原則與標準，法院亦有就公平法之案件而爲判決之例。對於交易秩序及公平競爭的維持，公平法已發揮一定的功能。在公平法修法草案中，配合公平法第四十一條之修正，將刑事罰之規定以「先行政後司法」之方式，先以行政制裁之方式糾正之，若行爲人仍不改正或停止其違法行爲，顯現行爲人具有反社會倫理之非難性，旣然曾施加之行政罰鍰旣然不能有效達成其警惕與嚇阻之效果，而以更嚴厲之刑罰爲其處罰措施，俾能有效發揮其嚇阻作用。如此可兼顧到公平法各種構成要件是否該當之價值判斷，由對產業資料與市場情況有所掌握之公平會先行介入判斷，爲其處理原則。應是值得贊成之方向。

第六章　結　　論

　　公平法之規範，乃對不正當競爭行爲、以及聯合壟斷及濫用獨占地位等不當限制競爭行爲，建立一套完備之規範、制裁、與課賦責任之規定，其立法目的在於有效維護競爭秩序，保護正當經營之事業及一般消費大衆，促進國計民生之均衡發展。現行公平法對於違反公平法禁止規定行爲的制裁方式，有行政制裁與刑事制裁兩種。其中關於仿冒行爲之刑事制裁規定，是本書研究之中心。尤其仿冒商標行爲是現行工商社會中常見的經濟性犯罪，我國刑法第二百五十三條早已有制裁規定，由於社會變遷、加上對外貿易談判及爲維持國家形象之綜合因素，商標法中也陸續於修法時加入仿冒商標之刑事制裁規定。公平法立法時，對於仿冒行爲專設第二十條予以規範，其立法理由即針對既存之法規所未能規範之仿冒行爲，宣示其禁止矇混仿冒行爲之意旨，以維持正常交易秩序，建立一個合理公平的競爭環境。因此其規範之行爲類型不僅只有仿冒商標而已，亦包括仿冒其他顯示商品或服務之表徵、致與他人商品或服務來源主體混淆之行爲。然而司法實務上對於仿冒行爲之制裁規定適用情形，卻有將刑法、公平法與商標法視爲單純法規競合之趨勢。由於作者曾任職於公平會，有機會親自面對公平會三年以來之執法經驗及既有之實務案例，以及所搜集司法機關關於公平法第二十條之相關判決等資料，因此將之作爲本書研究之出發點，目的即在於釐清公平法第二十條之規範意旨及構成要件。本書從理論架構及實務案例之分析兩方面著手，祈能解決現行實務運作上發生之問題。

　　本書在第二章由分析公平法第二十條之構成要件爲研究之起點，並

以實際公平會所受理之案例作爲印證之對象。經由關於立法目的及構成要件之分析，可知公平法第二十條規範者，係不公平競爭行爲之一種類型，卽保護具有相當之經濟力量及市場地位，足以辨識商品之表徵，使其不受他人之仿冒，並且避免交易相對人對於商品或服務主體產生混淆誤認。因爲商品服務之表徵能夠顯示商業信譽，同時也是一種廣告媒介，消費者藉以區別並作爲選擇之依據。各事業爲吸引消費者所投資及努力建立之商譽，促進商品服務品質之提昇，也足以顯示商業競爭活動對經濟發展所帶來正面之影響。因此公平法第二十條乃禁止各種仿冒行爲，這種不藉由自己努力，而攀附他人商譽、剽竊他人努力之成果，引起消費者混淆之行爲形態，包括商標之仿冒、商品容器、包裝、外觀，以及營業或服務之表徵等爲相同或類似之使用，以及仿冒未經註冊之外國著名商標等皆屬之。另外，其規範之行爲，不僅是仿冒商品之製造行爲，同時對於該等商品之流通行爲，如販賣、運送、輸出輸入等，亦在禁止之列。

　　本書在第二章除了分節介紹各種公平法中明文規定應受禁止之仿冒行爲，及公平會受理之案例外，並於第七節針對第二十條之要件「相關大眾所共知」加以分析。由於該要件屬一不確定之法律概念，本書認爲以外國法規之類似規定以及個案判斷標準，雖然可作爲我國執法之參考，旣然公平法之立法目的係爲維護國內市場競爭秩序及促進經濟之安定與繁榮，從而本國法執行之經驗，更適合作爲檢討及政策施行之思考起點。因此本書從公平會於處理實際案例時，所採取之認定原則及判斷方式作爲觀察分析之對象，企圖歸納出就此「相關大眾所共知」之要件，公平會及司法機關執法及認定原則之標準。依本書研究結果，約略可歸納出公平會之判斷方式，有以下數個：

　　(一)事業成立時間之長短；

　　(二)營業規模；

(三)商品或服務推出市場時間；

(四)商品或服務之市場銷售狀況；

(五)商品或服務之市場占有率；

(六)商品或服務之銷售地區；

(七)商品或服務之銷售金額；

(八)市場上廣告促銷程度；

(九)在我國商標、專利、著作權主管機關登記之時間；

(十)商標、專利、著作權主管機關之見解；

(十一)製作問卷調查之結果；

(十二)進行市場調查之結果；

(十三)特定消費群眾之印象及熟知程度。

至於司法機關對於公平法第二十條「相關大眾所共知」之要件，其認定方式有兩種：一為函送公平會就第二十條之構成要件鑑定，且採取公平會之專業意見，據以為判決之理由；另有未經函送公平會鑑定之程序，司法機關直接認定適用該法規者，由其中本書並未能具體歸納出司法機關認定之原則及方式。然而比較公平會與司法機關對於此要件認定程序方法及實質內涵上的差異，可知具有充足市場資訊及專業調查能力之公平會，對於該要件之認定較為審慎且客觀。此種實務上運作程序之差異，造成之原因，除了司法機關不熟悉公平法第二十條實體構成要件之真正內涵外，公平法本身就程序方面，並無明文規定公平法之案件涉及其他民刑事程序者，須先經公平會審理或鑑定之規定，因此司法機關就刑事制裁案件便不一定採取函送公平會之程序。然而此種作法易導致行政機關與司法機關就同一案件為不同認定，產生行政處分與司法判決差異、人民無所適從、影響國家威信之結果。在公平法修法草案中，針對刑事制裁之規定，已一律修正為「先行政後司法」之形式。卽違反公平法禁止規定之行為，首先由行政權介入，以經中央主管機關公平會依

修正後第四十一條處以罰鍰，並經中央主管機關命其停止或改正其行為而未停止或改正，或停止後再為相同或類似違反行為者，才有刑罰適用之餘地，如此可解決現行法在適用上產生之困境。

由於公平會與司法機關對於「相關大眾所共知」之要件在適用及認定上的差異，可知該要件仍具有相當的不確定性。以往有些學說或實務上以商標法上類似之概念「著名」來解釋「相關大眾所共知」之涵義者，從而認為兩者實為相同之概念，更因此主張公平法第二十條第三款實可刪除，蓋依同法第一、二款即可達到未經註冊外國「著名」商標之保護目的。然而另有學說認為兩者之內涵不同，具有程度上之差異，「著名」應比「相關大眾所共知」具有更高程度之知名度，不僅為該特定商品之相關交易者所熟知，且一般交易大眾亦知之。二種說法何者為是，本書認為除須探究立法目的外，實務運作及認定之方式更可作為執法檢討之依據。

本書首先探討中標局以往對於「著名」商標之判斷依據及認定原則，發覺中標局以前建立之明文判斷標準或者適用之原則，與公平會判斷「相關大眾所共知」之方式相較，公平會之認定方式反而更為謹慎及客觀，而且要件更為嚴格，實際上被公平會認定為「相關大眾所共知」之商品或服務表徵幾稀，司法機關認定符合「相關大眾所共知」者又嫌草率不客觀。因此主張「相關大眾所共知」與「著名」之涵義相似者，亦有所依據。蓋既已了解實務運作之結果是「著名」反而比「相關大眾所共知」更容易該當且條件寬鬆，若要求「著名」須比「相關大眾所共知」更高之知名度，恐怕一時難以扭轉實務之認定方式，且第二十條第一項第三款關於「外國著名商標」之保護或許永無適用之機會。然而主張「著名」與「相關大眾所共知」二者不同者，係從立法原因出發。蓋商標權原以註冊保護主義為原則，外國商標若欲得到保護，應及早依我國商標法規定申請註冊，此為各國皆有之趨勢。當初商標法第六十二條

之一的立法背景有貿易制裁之壓力及顧慮，當初卽有論者批評此種立法破壞商標註册保護主義之精神。而此次修正商標法時將其刪除，應是符合立法體系之作法。然而將此規定移置公平法第二十條中，雖然第二十條之立法目的係在制止仿冒之不公平競爭行為，仿冒外國著名商標亦屬於其規範內涵中；又因其為「未經註册」之外國商標，所以在適用上，將禁止之仿冒商標之行為限制於使用在「同一或同類商品」上，以及該商標須比「相關大眾所共知」更高度知名度之「著名」程度，公平法方予以保護，亦為維持商標註册主義之精神，以及避免未經註册之商標反而比經註册者多一層保護之不公平規定的結果。雖然此乃現實國際經貿談判之環境上，我國始終處於劣勢地位不得不然之立法，而為維持立法及執法之尊嚴，此種解釋及執法之方式實可理解。然而商標法在八十二年十二月修法時已完全刪除舊法中所有關於該「著名」商標或標章之規定，而新商標法關於商標權之取得更有國際性之立法趨勢，卽增訂優先權制度，外國商標之保護更為完善，因此目前只剩下在公平法第二十條第一項第三款關於未經註册之外國商標之保護中有「著名」之用語。公平法第二十條第一項第三款對於制止不公平競爭行為之立法目的，同條第一、二款亦同，故第三款實可刪除。若短時間內無法刪除公平法第二十條第一項第三款之規定，本書認為以現行實務運作之方式，以及「著名」「相關大眾所共知」同樣具有不確定之法律概念之特質，加上司法機關對公平法第二十條「相關大眾所共知」之認定，亦有略嫌不客觀及不一致的情況。此時不妨尊重公平會就「相關大眾所共知」之認定及判斷能力，若能真正釐清公平法第二十條之真正規範意旨及構成要件，則公平會或司法機關在適用第二十條時，不至於產生判斷標準不同，造成人民無所適從之困擾。

　　在第三章中，本書就公平會對於第二十條之執法態度而分析，發覺由於認定方式及判斷依據偏差之原因，卽：1.認定不確定法律概念之困

難，如「相關大眾所共知」、「著名」等構成要件；2.以「市場區隔」、「價錢差距」等因素判斷是否構成「混淆」之認定基準有所偏差；3.以商標法上判斷「商標近似」之標準作為認定「相同或近似之使用」之方式；4.公平會對於違反經濟秩序行為認為不宜輕率以刑罰規定制裁之執法態度；5.偏向以第二十四條宣示其行為係屬違法之效果之處分方式；6.與其他機關（如中央標準局、經濟部禁仿小組等）之權責分工未清等。由上述原因可知，公平會對於第二十條之案件，是採取較嚴格保守之態度。也因此許多案例，公平會在認定其不能以第二十條規範時，往往試圖另以第二十四條論斷，導致於公平會極少就第二十條處分之案例，至今公平法施行三年多以來，僅成立一個依第二十條處分之案例。對於攀附他人名聲及高度抄襲行為，公平會多引用第二十四條之規定，依第四十一條以行政罰之方式處分之。本書認為只要釐清第二十條之正確適用方向，且為貫徹禁止仿冒行為之立法目的，保障事業之投資及努力，維護競爭秩序及經濟發展，公平會對於適用第二十條之態度似可再開放一些。

　　實務上最常見之商標仿冒案件，由於刑事制裁上涉及多重法規之適用，因此本書在第四章分別就各種仿冒商標行為之形態，實務上所適用之法規：刑法、商標法、公平法作一綜合分析。本書發覺法院判決對於仿冒商標之案件，多以「法規競合」、「重法優於輕法」之適用原則，輕率的以刑度較重之法規對各種仿冒行為定罪科刑。在八十二年十二月商標法修正之前，仿冒商標之刑責為最重五年以下或併科五萬元以下罰金，與公平法第二十條之處罰刑度相較，商標法顯然較重。而修正後之商標法第六十二條則降低刑度為三年，罰金提高為二十萬元，公平法顯然變成為「重法」。至於刑法第二百五十三條等規定，刑度自始至終皆為一年以下有期徒刑及併科三千元以下罰金，幾乎根本無適用之機會。縱使因為立法者對於仿冒商標之行為，以刑度降低作為非難性評價之改變，

或者認爲商標法與公平法，對於仿冒行爲之刑事懲罰應爲相同之衡量。
然而最根本之原因：「公平法與商標法、刑法對於仿冒行爲之規範範圍
及構成要件不盡相同」，此點在司法機關處理仿冒商標案件中，始終不
見針對仿冒行爲本身作詳細的分析，考慮其究竟該當何條文，或者分析
究竟有無法規競合之情形發生。司法機關大多以法規競合之原則處理仿
冒商標案件，實際上這種執法態度，可能造成對於人民權益之損害。其
原因係根源於立法制定之疏失以及司法者未探究立法之眞意的結果。

　　公平法第二十條、刑法及商標法關於仿冒商標行爲之刑事制裁，其
構成要件及保護範圍並不完全相同。公平法保護者爲相關大眾所共知之
商標，不論其是否已經註册，亦不論商品是否具有同類性，而以「引起
商品主體來源之混淆之虞」爲要件，對於外國未經註册之商標則以著名
者爲限，且以使用於同一或同類之商品爲範圍，其重在使用之事實，藉
此規範影響交易秩序之不正競爭行爲。而刑法相關規定，雖爲歷史久遠
之立法，然而商標法關於仿冒商標之刑事制裁規定卻是沿自刑法，目的
皆在制裁仿冒行爲以及達到保護工商經營秩序之功能。刑法及商標法保
護的則是業已註册之商標，無論其曾否使用或是否著名；且其保護之客
體以申請註册之商標圖樣及其所指定之同一或類似商品爲限，其透過依
法註册賦予之專用權之方式，以維護公平競爭秩序。此三者法典之構
成要件或保護範圍稍微有所差別，但係皆處於維護交易秩序及正常競爭
環境而協力互助之分工地位。我國關於仿冒之制裁規定幾經變更修改之
後，各法規的立法目的、規範意旨在糾纏不清的條文結構下，已無法明
白的爲立法者甚至司法者所辨識，更何況受這些法律規範的國民。本書
試圖藉由這些法規的釐清，以及實務適用結果的評析，探究法律之正確
的立法目的及規範結構，以作爲執法及修法之參考。

　　在第五章，本書分析公平法現行之刑事制裁制度，發覺立法者對於
現行公平法關於刑事制裁制度之設計，並無一貫的評價標準。以第三十

五條所處罰之行爲爲例，對於事業是否「獨占」及有無「濫用」其市場
地位；或者事業之聯合行爲是否「足以影響生產、商品交易或服務供需
之市場功能」；仿冒行爲所侵害之他人商品或服務之表徵，是否爲「相
關大衆所共知」；以及多層次傳銷參加人取得之佣金、獎金或其他經濟
利益，是否主要非基於其所推廣或銷售商品或勞務之「合理市價」等，
各種構成要件是否該當之價值判斷，皆需要對產業資料與市場情況有所
掌握始能勝任。第三十六條「附從行政監督之犯罪行爲」旣然將處以刑
罰之構成要件上，以平時已有調查及蒐集產業資料與市場情況職掌之公
平會先行介入，作爲其處理原則，則第三十五條旣有相同之執法背景及
立法考量，亦應採相同之處理原則爲當。

　　至於程序進行及執行上，現行法之規定更因爲行政程序與司法程序
之不同而可能產生若干問題。由於公平會對於違反公平法之行爲，皆可
依第四十一條處分，當事人對之不服可提起訴願、再訴願及行政訴訟。
在行政救濟程序進行中，刑事程序最好暫時停止，若訴願決定或行政法
院判決視公平會之處分違法而將之撤銷，而刑事法院已將該行爲人判處
徒刑或科罰金時，則應可視爲上訴事由或依再審程序聲請救濟。爲解決
此種困境，實可於公平法增定類似商標法第六十條之規定：「在商標評
定程序進行中，凡有提出關於商標專用權之民事或刑事訴訟者，應於評
定商標專用權之評決確定前，停止其訴訟程序之進行。」俟公平會就案
件所爲之行政處分而衍生之行政救濟程序確定之後，再開始刑事訴訟程
序，以求刑事程序與行政程序之配合，避免一案兩判，致生判決歧異之
困擾。因而在八十三年四月二十一日經行政院院會通過之公平法修法草
案內容中，關於公平法之刑事制裁規範，已依「先行政後司法」原則作
了修正。公平會對爲該等違法行爲之事業，曾以行政罰鍰予以處罰及警
惕，並加以糾正，命其停止或改正該等違法行爲。經處以罰鍰並命其停
止或改正其行爲而未停止或改正者，卽表示行政罰鍰並未達成其警惕與

嚇阻之作用，且「命其停止或改正其行爲」之處分亦未能有效發生糾正之效果，亦即行爲人任其事業繼續爲違法行爲侵害同業競爭者或交易相對人之權益及妨礙市場競爭秩序，顯現行爲人具有反社會倫理之非難性，且曾施加之行政罰鍰既然不能有效達成其警惕與嚇阻之效果，則在制裁手段上，即應考慮以更嚴厲之刑罰爲其處罰措施，俾能有效發揮其嚇阻作用，因此，行爲人在此種情況下，即應受刑罰之制裁。

綜而言之，本書認爲就仿冒行爲之制裁規範，現行法之規定，實已完備；然而公平法仍須藉由修法及執法方向的調整，以及仿冒行爲之制裁法規構成要件的修訂及釐清，使司法實務者在運作時能確實掌握法律之精神，而在執法過程中，應可減少實務上產生窒礙難行之弊。工商企業界更可藉由瞭解這些法令的執行，保護自己權益，避免誤觸法令。

參 考 文 獻

（以姓氏筆畫多寡爲順序）

一、中文文獻

(一)書籍論著

1. 王秀麗，貫徹保護商標專用權之研究，法務部，七十三年。

2. 白裕莊等四人，日本獨占禁止法及不正競爭防止法之研究及公正取引委員會之運作，八十三年二月。

3. 刑事法律專題研究（一），司法院七十二年十二月印行。

4. 呂有文，刑法各論。

5. 李延禧，日本獨占禁止法關於「不公平交易方法」之認定與規範，八十二年八月。

6. 李茂堂，商標法之理論與實務，六十七年。

7. 李桂英，從商標法及公平交易法論著名商標之保護，中興大學法律研究所碩士論文，八十二年一月。

8. 卓秋容，日本獨占禁止法之運作實況，八十二年十一月。

9. 林山田，刑法特論。

10. 林山田，刑法通論，八十二年八月，增訂四版

11. 林山田，刑罰學，六十四年。

12. 林山田，經濟犯罪與經濟刑法，七十六年。

13. 周冶平，刑法總則，六十一年。

14. 洪士凱，商標法上商品分類與同類商品之研究，臺灣大學法律學研究所碩士論文，七十九年十二月。

15. 洪福增，刑事責任之理論，七十一年。

16. 康炎村，工業所有權法論，七十六年八月。

17. 高仰止，刑法總則之理論與實用，七十五年。

18.梁恆昌，刑法總則，七十六年。

19.張澤平，仿冒與公平交易法，八十一年三月。

20.許淑幸，美國競爭法制經濟分析之研究，八十二年十二月。

21.陳祐治，公平交易法比較研究，臺灣高等法院八十一年度研究發展項目研究報
　　告，八十一年五月。

22.陳樸生，實用刑法，六十六年。

23.陳璞生，刑法專題研究。

24.曾陳明汝，工業財產權法專論，七十五年九月，增訂新版。

25.曾陳明汝，美國商標制度之研究，七十五年九月，增訂再版。

26.曾陳明汝，專利商標法選論，七十九年九月，四版。

27.馮震宇，了解新商標法，八十三年一月。

28.馮震宇，中外防止仿冒商標法制之比較，中華民國全國工業總會，七十六年一
　　月。

29.馮震宇，中美防止仿冒商標談判及其影響，行政院經濟建設委員會健全經社法
　　規工作小組出版，七十六年。

30.黃茂榮，公平交易法理論與實務，八十二年十月。

31.褚劍鴻，刑法總則論，七十八年。

32.廖義男，公平交易法之釋論與實務，第一冊，八十三年二月。

33.廖義男，國家賠償法，八十二年七月，增訂版。

34.廖義男主持，林山田協同主持，行政不法行為制裁規定之研究，行政院經建會
　　委託臺大法研所研究，七十九年五月。

35.鄭建才，刑法總則，七十七年。

36.蔡墩銘，刑法總則爭議問題研究，七十五年。

37.鄧振球，商標不正競爭之研究，輔大法研所碩士論文，七十七年六月。

38.韓忠謨，刑法原理，七十一年。

(二)專論文章

1.八木胖，賴珠隆譯，行政刑法，法學叢刊，第十二期。

2.甘添貴，論不罰之後行為，軍法專刊，第三十八卷第九期。

3.江必卿，新商標法衍生問題探討，經濟日報第十六版，八十二年十二月十二日。

4.林山田，論刑事判例中的吸收，法令月刊，第四十一卷第九期。

5.林山田，論制裁法之體系，刑事法雜誌，第三十卷第一期。

6.林山田，論特別刑法，輔仁法學，第四期。

7.周延鵬，我國智慧財產權法律環境之現況暨其因應措施（上）、（下），法律評論，第五十八卷第二、三期，八十二年二月。

8.范建得，論公平交易法對矇混行為及商標權濫用之管制——商品標識使用人之得與失，公平法季刊創刊號，八十一年十月。

9.倪開永，了解新法特性、確保自身權益，工商時報第三十六版，八十二年十二月九日。

10.徐火明，商標仿冒與改進我國商標制度芻議，法令月刊，第三十四卷第十二期，七十二年十二月。

11.張麗琴，損害他人營業信譽之研究，公平交易法論述系列第二輯，八十二年十一月。

12.郭棋湧，吸收犯理論之適用，軍法專刊，第三十六卷第二期。

13.曾陳明汝，世所共知（著名）標章之保護，載於氏著專利商標法選論，七十九年九月，四版。

14.曾華松，商標權的侵害與刑事制裁，刑事法雜誌，第二十八卷第二期。

15.馮震宇，不再為法所困，工商時報第三十一版，八十二年十二月十三日。

16.黃榮堅，濫用商標行為之刑事責任，臺大法學論叢，第二十二卷第一期，八十一年十二月。

17.黃隱南，論商標刑法之競合，刑事法雜誌，第三十七卷第二期，八十二年四月。

18.經濟日報，公平法修正應走的方向，八十二年十月二十六日。

19.經濟日報，商標近似、類別不同，仍可註冊，八十三年五月九日，第十九版。

20.廖正豪，法條競合、想像競合犯及牽連犯，刑事法雜誌，第十卷第一期。

21.廖義男，公平交易法的修正原則與方向，工商時報，八十二年十月二十七、二

十八日。

22.廖義男，公平交易法修正之重點與理由，公平交易季刊，第一卷第四期，八十二年十二月。

23.廖義男，公平交易法規範之事業概念——第二條之詮釋，公平交易法季刊，第一卷第二期，八十二年四月。

24.廖義男，公平交易法關於違反禁止行為之處罰規定，政大法學評論，第四十二期，八十二年一月。

25.廖義男，憲法與競爭秩序之維護，法學叢刊，第一○三期，七十年九月。

26.廖義男譯，西德不正競爭防止法，臺大法學論叢，第十卷第二期，七十年六月。

27.蔡明誠，中華民國對專利及商標保護之最新發展，輯於中華民國全國工業總會舉辦「一九九二國際智慧財產權研討會」研討資料，八十一年十月十五日發表。

28.蔡碧玉，商標與專利刑罰規定之研究，刑事法雜誌，第二十七卷第四期。

29.蔡墩銘，不罰之前行為及後行為，法令月刊，第三十七卷第十期。

30.謝銘洋，商標法修正草案之檢討及其對產業之影響，臺大法學論叢，第二十二卷第一期，八十一年一月。

31.蘇永欽，營業競爭法在歐洲各國的發展與整合，法學叢刊，第一一四期，七十三年四月。

(三)研究報告及官方文書

1.日本獨占禁止法執行實務之研究，公平會編印，八十一年二月。

2.各國公平交易法相關法規彙編，公平會編印，八十二年六月。

3.中央標準局研究報告，商品及服務標章營業種類採行國際分類之研究，八十四年。

4.公平交易委員會公報，第一卷第一期至第三卷第三期，公平會發行。

5.公平交易統計年報，八十一年、八十二年，公平會編印，八十二年三月、八十三年三月。

6.公平交易法司法案例彙編（一），公平會編印，八十三年三月。

7.公平交易委員會成立週年工作成果報告，八十二年二月。

8.公平交易委員會工作成果報告——八十二年——，公平會編印，八十三年二月。

9.公平交易法第二十四條影響交易秩序之欺罔或顯失公平行爲執行標準之研究，公平會委託中研院社科所研究，八十二年六月。

10.立法院公報，第二屆第二會期第二十四期院會記錄，第七十二卷第三十四期。

11.經濟司法委員會聯席審查商標法修正草案研究報告暨參考資料專輯，立法院經濟委員會編印，八十一年十二月。

12.中美經貿談判有關法律問題之研究，經建會經社法規小組。

13.商品及服務標章營業種類採行國際分類之研究，行政院八十三年度研考經費補助專案，經濟部中央標準局，八十三年四月。

14.商標近似判決要旨選輯，司法院第三廳編，七十五年三月出版。

15.智慧財產權案件裁判情形綜合分析研究報告，司法院八十三年研究報告。

16.商標行政訴訟之研究（上）（下），司法院第四廳編印，七十四年三月。

17.商標近似判決要旨選輯，司法院印行，七十五年四月。

二、外文文獻

(一)英文

1.David Young, Qc, *Passing Off*, 2nd, 1989.

2.Ernest Gelhorn, *Antitrust Law and Economics*, 1990.

3.Julian O.Von Kalinowski, *Antitrust Laws and Trade Regulation*, Vol. 7.

4.J. Thomas McCrthy, *Trademarks and Unfair Competition*, 3ed. 1992.

5.*Kerly's Law of Trade Marks and Trade Names*, 11th ed, 1983.

6.Lawrence Anthony Sullivan, *Antitrust Law*, 1990.

(二)德文

1.Babara Grunewald, *Der Schutz bekannter Marken vor dem Vertrieb branchenfremeder Waren unter Benutzung bereinstimnmender Zeichen, NJW*, 1987, S. 105. ff(105).

2. Baumbach/Hefermehl, *Warenzeichenrecht und Internationales Wettbewerbs-und Zeichenrecht*, 12 Aufl, 1985.

3. Baumann J. *Straftrecht, Allgemeiner Teil*, 9. Aufl, 1985, S. 660.

4. Baumann/Weber, AT. 1985, S. 660 f; Geppert: Grundzüge der Konkurrenzlehre, in: *Jura*, 1982, S. 421.

5. Bodenhausen, *Pariser Verbandsubereinkunft zum Schutz des gewerblichen Eigentums*, 1971.

6. Jescheck H., *Lehrbuch des Straftrechts, Allgemeiner Teil*, 4. Aufl, 1988.

7. Schneider, Inweieweit ist es möglich und empfehlenswert, die Art der Konkurrenz zwischen mehreren Straftatbeständen im Gesetz auszudrücken? in: *Materialien zur Strafrechtsreform*, Bd I, S. 229; *Entwurf eines StGB 1962 mit Begründung*, S. 191.

8. Wessels, *Grundfrage der straftrechtlichen Konkurrenzlehre, JUS.* 1990, S. 249.

9. Wessels J., *Strafrecht, Allgemeiner Teil, Die Straftat und ihr Aufbau*, 20, Aufl, 1990, S. 249.

附　錄　一

行政院公平交易委員會處理公平交易法第二十條案件原則總說明

　　加強保護智慧財產權，取締仿冒，爲政府旣定之政策。爲查禁現行智慧財產權法令所未能規範而有礙公平競爭之仿冒行爲，公平法第二十條規定事業不得仿冒他人相關大眾所共知之商品或服務之表徵。蓋表徵爲事業營業信譽之表彰，經由該表徵，使消費者得以辨識商品之來源。事業之表徵，經事業之努力而達到消費者之廣泛認知，取得獨特之識別性，他人刻意仿襲致有造成混淆或誤認之虞者，基於保障事業之經營成果及消費者權益，自應加以規範。

　　本會自成立以後，爲配合保護智慧財產權之政策，除積極處理仿冒案件，並加強公平法第二十條之宣導，主動就執行公平法第二十條所累積之實務見解及經驗與其他相關單位進行硏討，廣納意見。而爲凝聚處理仿冒案件法律見解之共識，使違法事實之認定有更一致之標準可循，以有效處理此類案件，爰參考本會委員會議決議之案例，以及相關智慧財產權法令之最高法院判例、行政法院判例，暨商標案件審查基準等，硏訂「行政院公平交易委員會處理公平交易法第二十條案件原則」，以爲處理案件之依據及參考。其內容計分二十一點，茲分述要點如次：

　　一、訂定目的：本原則訂定之目的在確保事業公平競爭，保障消費者權益，有效處理公平法第二十條之仿冒案件。（第一點）

　　二、名詞釋義：第二點至第六點係就本法第二十條所定之「相關大眾」、「相關大眾所共知」、「表徵」、「相同或類似之使用」、「混淆」諸文義作一具體化之定義。

　　三、考量因素：第七點說明判斷表徵之考量因素，並於第八點及第九點分別例示表徵之態樣及不得爲表徵之態樣。另於第十點、第十一點

說明「相關大眾所共知」及「混淆」應考量之因素。

四、判斷原因: 參酌商標案件相關判例，說明判斷相同或類似使用之原則（第十二點）。

五、認定程序: 明定認定是否該當本法第二十條構成要件之程序（第十三點）。

六、使用依公司法: 商業登記法登記之公司名稱 、 商號名稱， 基於適用法律時體系上之要求，於認定有無該當本法第二十條之構成要件時，應衡酌公司法及商業登記法之精神（第十四點、第十五點）。

七、不當模仿他人之商品或服務之外觀或表徵，榨取他人努力成果之行爲，將損害被榨取者利益，違反社會倫理，且不經努力而取得競爭上之優勢，亦侵害效能競爭原則。此等不公平競爭行爲，有加以規範之必要，惟本法第二十條規定之適用有其法定要件，對無法依第二十條規定規範之上述不公平競爭行爲，應考量有無違反第二十四條規定情事予以處理（第十六點）。

八、不溯既往原則: 本法施行前，已爲多數相關廠商所共同使用之商品容器、包裝、或外觀，不得再由某一事業主張係其最先使用，而排除他人之使用（第十七點）。

九、參照行政機關處理人民陳情案件要點第四點及第十七點規定，明定受理檢舉之方式（第十八點）。

十、爲避免濫行檢舉、浪費行政資源，爰於第十九點明定檢舉人應檢送之事證。

十一、第二十點明定不受理案件處理程序。

十二、行政機關對特定人作成課以義務或限制其權利等不利之行政處分前，應給予該當事人陳述意見之機會，以善盡調查之能事，並確保其權益（第二十一點）。

行政院公平交易委員會處理公平交易法第二十條案件原則

一、目的

行政院公平交易委員會（以下簡稱本會）為確保事業公平競爭，保障消費者權益，有效處理公平交易法（以下簡稱本法）第二十條之仿冒案件，特訂定本原則。

二、（名詞釋義一）

本法第二十條所稱相關大眾，係指與該商品或服務有可能發生銷售、購買等交易關係之人而言。

三、（名詞釋義二）

本法第二十條所稱相關大眾所共知，指具有相當知名度為相關大眾多數所周知。

四、（名詞釋義三）

本法第二十條所稱表徵，係指某項具識別力或次要意義之特徵，其得以表彰商品或服務來源，使相關大眾用以區別不同之商品或服務。

前項所稱識別力，指某項特徵特別顯著，使相關大眾見諸該特徵，即得認知其表彰該商品或服務為某特定事業所產製或提供。

第一項所稱次要意義，指某項原本不具識別力之特徵，因長期繼續使用，使消費者認知並將之與商品或服務來源產生聯想，該特徵因而產生具區別商品或服務來源之另一意義。

五、（名詞釋義四）

本法第二十條所稱相同或類似之使用，相同係指文字、圖形、記號、商品容器、包裝、形狀、或其聯合式之外觀、排列、設色完全相同而言；類似則指因襲主要部分，使購買者於購買時施以普通注意猶有混同誤認之虞者而言。

六、（名詞釋義五）

本法第二十條所稱混淆，係指對商品或服務之來源有誤認誤信而言。

七、（判斷表徵之考量因素）

本法第二十條所稱之表徵，指有左列情形之一者而言：

(一)文字、圖形、記號、商品容器、包裝、形狀、或其聯合式特別
　　顯著，足以使購買人據以認識其為表彰商品或服務之標誌，並
　　藉以與他人之商品或服務相辨別。

(二)文字、圖形、記號、商品容器、包裝、形狀、或其聯合式本身
　　未特別顯著，然因相當時間之使用，足使消費者認知並將之與
　　商品或服務來源產生聯想。

八、（表徵之例示）

左列各款為本法第二十條所稱之表徵：

(一)姓名。

(二)商號或公司名稱。

(三)商標。

(四)標章。

(五)經特殊設計，具識別力之商品容器、包裝、外觀。

(六)原不具識別力之商品容器、包裝、外觀，因長時間繼續使用，
　　取得次要意義者。

九、（不得為表徵之例示）

左列各款，不具表彰商品或服務來源之功能，非本法第二十條所稱
之表徵：

(一)商品慣用之形狀、容器、包裝。

(二)商品普通之說明文字、內容或顏色。

(三)具實用或技術機能之功能性形狀。

(四)商品之內部構造。

(五)營業或服務之慣用名稱。

十、（判斷相關大眾所共知之考量因素）

　　判斷表徵是否為相關大眾所共知，應綜合審酌左列事項：

　　(一)以該表徵為訴求之廣告量是否足使相關大眾對該表徵產生印象。

　　(二)具有該表徵之商品或服務於市場之行銷時間是否足使相關大眾對該表徵產生印象。

　　(三)具有該表徵之商品或服務於市場之銷售量是否足使相關大眾對該表徵產生印象。

　　(四)具有該表徵之商品或服務於市場之占有率是否足使相關大眾對該表徵產生印象。

　　(五)具有該表徵之商品或服務是否經媒體廣泛報導足使相關大眾對該表徵產生印象。

　　(六)具有該表徵之商品或服務之品質及口碑。

　　(七)相關主管機關之見解。

十一、（判斷混淆之考量因素）

　　判斷是否造成第二十條所稱之混淆，應審酌左列事項：

　　(一)具普通知識經驗之相關大眾，其注意力之高低。

　　(二)商品或服務之特性、差異化、價格等對注意力之影響。

　　(三)表徵之知名度、企業規模及企業形象等。

　　(四)表徵是否具有獨特之創意。

十二、（判斷原則）

　　審酌表徵是否相同或類似之使用，應本客觀事實，依左列原則判斷之：

　　(一)具有普通知識經驗之相關大眾施以普通注意之原則。

　　(二)通體觀察及比較主要部分原則。

　　(三)異時異地隔離觀察原則。

十三、（認定程序）

表徵是否爲相關大眾所共知、是否相同或類似之使用、或是否致混淆，依左列程序認定之：

(一)由本會委員會議認定。

(二)有相當爭議致難以判斷，得舉行公聽會或座談會，徵詢學者專家、業者代表、消費者代表、相關產業公會及機關意見，供本會認定之參考。

(三)影響重大且有相當爭議致難以判斷，得委託公正、客觀之團體、學術機構，以問卷徵詢一般大眾或相關交易對象意見。

十四、（公司名稱）

二公司名稱中標明不同業務種類者，其公司名稱非本法第二十條所稱之相同或類似之使用。

以普通使用方法，使用依公司法登記之公司名稱，若無積極行爲使人與相關大眾所共知之他人營業混淆者，不違反本法第二十條規定。

十五、（商號名稱）

以普通使用方法，使用依商業登記法登記之商號名稱，若無積極行爲使人與相關大眾所共知之他人營業混淆者，不違反本法第二十條規定。

十六、（本法第二十條與第二十四條規定之適用原則）

左列各款情形，於未符合本法第二十條規定之構成要件時，得以違反本法第二十四條規定處理之：

(一)襲用他人著名之商品或服務表徵，雖尚未致混淆，但有積極攀附他人商譽之情事。

(二)抄襲他人商品或服務之外觀，積極榨取他人努力成果，對競爭者顯失公平，足以影響交易秩序。

前項情形,於商品外觀係屬公眾得自由利用之技術者,不適用之。

十七、(不溯旣往原則)

公平交易法施行之前,某項已爲多數相關廠商所共同使用之商品容器、包裝、外觀或其他表徵,致相關大眾無從依其容器、標示之外觀辨識其來源時,卽不得再由某一事業主張係其最先使用,而排除他人之使用。

十八、(檢舉程式)

檢舉他事業違反本法第二十條規定者,應請其以書面載明具體內容、眞實姓名及地址。其以言詞爲之者,本會應作成書面紀錄,由檢舉人簽名或蓋章。

檢舉未具眞實姓名、地址、簽名(蓋章)或無具體內容者,得不予處理。但顯有違害公共利益之虞者,爲確保公平競爭及消費者利益,仍得依職權調查處理。

十九、(檢舉人提供事證)

檢舉他事業違反本法第二十條規定者,應請其提供相關商品或服務表徵爲相關大眾所共知之證據,及他事業涉嫌違法之具體事證。

未依前項提供相關資料者,應以書面通知其於相當期限內提供;逾期仍未提供者,視爲檢舉無具體內容。

二十、(不受理案件處理程序)

有左列情形之一者,業務單位應簽註意見層送輪值委員審查,經奉首長核定後存查或函復結案,並定期彙總提報委員會議:

(一)檢舉事件依本原則得不予處理者。

(二)檢舉無具體內容者。

(三)檢舉事項僅涉及雙方當事人之爭議,而雙方當事人已和解、或檢舉人撤回檢舉者。

二十一、(被檢舉事業陳述意見之機會)

本會對事業爲處分前，應給予其陳述意見之機會。但經本會通知事業限期到場陳述意見或提出書面說明，逾期未到場陳述意見或提出書面說明者，不在此限。

上述資料，係將公平會成立以後，處理有關第二十條之仿冒案件，所累積之實務見解及經驗，歸納整理出一定之認定標準，使日後公平會處理此類案件有可遵循之原則。由於公平法第二十條之構成要件有許多不確定之法律概念，爲避免適用上產生疑意，此種處理原則之訂定應是值得贊同之方式。例如第二點將「相關大眾」，限定於「與該商品或服務有可能發生銷售、購買等交易關係之人」；第四點將「表徵」之意義明定，並解釋「次要意義」之內涵，與新商標法第五條第二項將「顯著性」定義有異曲同工之妙。

至於「相關大眾所共知」之判斷審酌因素，在第十點所舉出之七個事項，有廣告量、行銷時間、銷售量、市場占有率、媒體報導、相關主管機關之見解等，亦可稱詳盡，然而上述處理原則中並未就「著名」商標建立判斷標準。本書在第二章第七節就「相關大眾所共知」與「著名」，就立法過程及實務運作而分析，認爲「著名」商標之認定及判斷，以往中標局亦未能建立一套相當之模式。加上商標法經八十二年之大幅修正後，已無「著名」商標之規定，如今僅在公平法第二十條第一項第三款有規定，「著名」商標之判斷也成爲公平會之職權，在適用上勢必產生標準難以建立之問題，而「相關大眾所共知」與「著名」之內涵及程度，亦應有一明確之區隔標準，否則便應考慮是否將「著名」二字刪除，維持商標註冊主義之完整性，第二十條第一項第一款同樣亦可達到第三款規範目的。

至於第十四點、第十五點關於公司、商號名稱之使用問題，公平會之見解仍以法律體系之適用爲理由，認爲二公司名稱中標明不同業務種

類者，其公司名稱非本法第二十條所稱之相同或類似之使用。以普通使用方法，使用依公司法登記之公司名稱或依商業登記法登記之商號名稱，若無積極行為使人與相關大眾所共知之他人營業混淆者，不違反公平法第二十條規定。本書在第二章第四節就使用他人商號公司名稱之行為之討論，認為公平會顯然其仍以公司法及商業登記法之規定為優先認定之標準及理由，而未同時考量不正競爭之法理及行為人之行為是否有引人誤認或攀附名聲之內涵。再者，若被使用之名稱已被認定為相關大眾所共知，實際上應就「致與他人商品混淆」部分加以探討，並不宜以二者之營業項目不同而當然認為其不致引人混淆，而係以該名稱用於表彰該產品或營業服務之主體時，是否會使人對提供該商品之主體來源產生混淆或誤認為判斷重點。行為人既已有進一步之積極行為，或實際上從事同類業務使人誤以為二者之間為同一公司、關係企業或有業務上之關聯，則其行為即該當公平法第二十條第一項第一款「以相關大眾所共知之他人商號或公司名稱，為相同或類似之使用，致與他人商品混淆」之規定。避免名稱之混同導致交易相對人與其交易時未受保護，雖為公司法及商業登記法關於名稱登記制度之附帶功能，但真正在營業過程中，動態的競爭秩序及交易安全卻是由公平法來維持。商業登記法及公司法關於商號公司名稱之立法當時，不見得有考慮到將規範不公平競爭之概念涵蓋其中。由此更可檢討商業登記法、公司法之立法，實應注入防止不正競爭之概念，作一通盤整體之修正。

　　第十六點關於公平法第二十條與第二十四條之適用原則部分，列示兩種情形：抄襲行為尚未致混淆，但有攀附商譽情事；或榨取他人努力成果，對競爭者顯失公平之行為。若未符合第二十條之情形，得考慮以第二十四條處理之。本書在第三章就公平會適用公平法第二十條之趨勢分析，亦已歸納出兩種情形，即攀附他人名聲及商譽、高度抄襲搭便車之行為，因為公平法第二十條之認定嚴格，構成不易，而其抄襲行為又

具有高度可非難性，因此以第二十四條補充規定規範之。第十七點之不溯既往原則，亦爲善意使用原則及公共財歸大眾使用之觀念之落實。

　　綜觀上述之處理原則，雖仍有某些觀念及要件仍待釐清。然而其已將公平法第二十條之案件在認定及適用上可能產生之問題，作一原則性之宣示，極值得參考。

附錄二

經濟部中央標準局商標鑑定案件處理程序

一、商標鑑定案件其審查原則，依據商標法及其施行細則暨審查基準規定辦理。

二、鑑定僅接受司法機關 或政府行政 機關之囑託， 私人申請則不予受理。

三、商標主管機關對鑑定案件應指定承辦員辦理。承辦員於接獲前述相關機關來函後，卽簽請商標處主管科科長指派三人以上之鑑定委員鑑定之。

四、鑑定委員依據各案件所檢附之被鑑定實物、相片等證據資料與據以主張鑑定之註冊商標等相關資料，以行政審查觀點提供意見；承辦員再依多數決方式作成鑑定報告函覆相關機關。

五、指定之鑑定委員如有商標法所規定應行迴避情事者（商標法第四十條），應簽報另行指派。

大雅叢刊書目

法學叢書書目

圖書資訊學叢書書目

教育叢書書目

西洋教育思想史	林玉体	臺灣師大	已出版
西洋教育史	林玉体	臺灣師大	撰稿中
教育社會學	宋明順	臺灣師大	撰稿中
課程發展	梁恒正	臺灣師大	撰稿中
教育哲學	楊深坑	臺灣師大	撰稿中
電腦補助教學	邱貴發	臺灣師大	撰稿中
教材教法	張新仁	高雄師大	撰稿中
教育評鑑	秦夢群	政治大學	撰稿中

中國現代史叢書書目

中國托派史	唐寶林 著	北京社科院	已出版
學潮與戰後中國政治(1945~1949)	廖風德 著	政治大學	已出版
歷史地理學與中國現代化	彭明輝 著	政治大學	排印中
商會與中國早期現代化	虞和平 著	北京社科院	排印中

三民大專用書書目──社會

少年犯罪心理學		著	學 東
少年犯罪預防及矯治		著	海 東 學
公民（上）（下）	張	葆 武	大 海 學
	張	葆 友	大 灣 大
中國文化概論（上）（下）（合）	薩	孟 鑿	師 灣 大
	邱	變 瑜	師 灣 大
	李	華 康	師 灣 師
	周	裕 力	大 灣 師
公民（上）（下）	應	亞 葆	大 灣 大
歷史社會學	呂	華	學 海 大
	張	著 編 著 著	東 東

三民大專用書書目——心理學

心理學（修訂版）　　　　　　　　劉　安　彥　著　傑克遜州立大學
心理學　　　　　　　　張春興、楊國樞　著　臺　灣　師　大
怎樣研究心理學　　　　　　　　王　書　林　著
人事心理學　　　　　　　　　黃　天　中　著　淡　江　大　學
人事心理學　　　　　　　　傅　肅　良　著　中　興　大　學
心理測驗　　　　　　　　葉　重　新　著　臺　中　師　院
　　　　　　　　劉　安　彥　著　傑克遜州立大學
青年心理學　　　　　　　　陳　英　豪　著　省　　政　　府

三民大專用書書目——美術・廣告

廣告學　　　　　　　　顏　伯　勤　著　輔　仁　大　學
展示設計　　　　　　黃世輝、吳瑞楓　著　成　功　大　學
基本造型學　　　　　　　林　書　堯　著　臺灣國立藝專
色彩認識論　　　　　　　林　書　堯　著　臺灣國立藝專
造形（一）　　　　　　　林　銘　泉　著　成　功　大　學
造形（二）　　　　　　　林　振　陽　著　成　功　大　學
畢業製作　　　　　　　　賴　新　喜　編　成　功　大　學
設計圖法　　　　　　　　林　振　陽　著　成　功　大　學
廣告設計　　　　　　　　管　倖　生　著　成　功　大　學